アイデアが枯れない
頭のつくり方

高橋晋平

阪急コミュニケーションズ

はじめに

――何も思いつかず、頭の中が真っ白になったことはありませんか？

私は、おもちゃの企画開発の仕事をしています。

今まで約10年間、いろいろなアイデアを盛り込んだおもちゃを作ってきました。

２００７年に発売した代表作「∞（むげん）プチプチ」は、世界で３３５万個（シリーズ累計）を販売するという、有名キャラクターを起用しないノンキャラクターの玩具としてはまれに見る大ヒット商品となりました。

「プチプチ®」は皆さんご存じの、無数の気泡を持つポリエチレン製の緩衝材です。ついつい指でつぶす感覚を楽しんでしまうあの気泡を、キーチェーンを付けた玩具として再現した「∞プチプチ」も、多くの人に記憶していただいているのではないかと思います。

私は例えば他にも、

・**「∞（むげん）エダマメ」**——枝豆をつまみ出す感触を何度でも楽しめるキーチェーン玩具

・**「瞬間決着ゲーム　シンペイ」**——「3目並べ（いわゆる「○×ゲーム」）」に「上下の世界」「はさんで飛ばす」という概念を加えたボードゲーム。私の本名が商品名になっている

・**「5秒スタジアム」**——ストップウォッチを感覚だけで5・00秒ぴったりで止めることを競い合い、5秒からのズレが大きければ大きいほど、音声で罵倒される

・**「ほじれるんです。」**——好きなだけ鼻をほじることができる鼻型キーチェーン玩具。いろいろな鼻の形のラインナップがあり、肌色の他に、ほじっている指の動きを観察できるクリアタイプもある（カプセル自販機「ガシャポン®」商品）

・**「鳥人間」**——羽ばたくポーズをとった人間型フィギュアが、台座の上で、まるで飛んでいるかのようにふわふわ動く不思議なバランスオブジェ（カプセル自販機「ガシャポン®」商品）

・**「猫背」**——見ただけで気持ち悪くなるほど、ものすごい猫背のネコフィギュアで、自分のデスクなどに置いておくと、それを見るたびに猫背を直したくなる。「200円で健康に」がコンセプト（カプセル自販機「ガシャポン®」商品）

などなど、斬新でバラエティに富んだおもちゃを開発し続け、ヒットした商品や、話題になってテレビなど各種メディアで何度も取り上げられた商品がたくさんあります。

また、「アイデア発想術」を研究する活動も行っており、2012年に『∞（むげん）アイデアのつくり方』（イースト・プレス）という書籍を出版したり、さまざまな大学・企業・団体などから依頼を受けて、アイデア発想に関する講演を行ったりもしています。

2013年には、多分野の方が登壇する話題のプレゼンテーションイベント「TEDxTokyo」に出演することもできました。アイデア発想法についてのスピーチをさせていただき、ご好評を頂きました（当時のプレゼンは公式ホームページやYouTubeで視聴できます）。

しかし、これまでに50種類以上のおもちゃを世に送り出してきた私ですが、ずっとアイデアが湧き続け、新しいものを簡単にどんどん作れてきたわけではありません。

実際には、**幾度となく、いわゆる「スランプ」を経験してきた**のです。半年間、一度も企画が通らなかったり、何を考えればいいのかまったくわからなくなったり、二度と企画なんて考えたくない、と思ったり。そんなことを繰り返してきました。

おそらく、アイデアを出す仕事をしている方は、誰でも少なくとも一度はそのような経験があるのではないでしょうか。ずっと新しいアイデア、いいアイデアがひらめき続ける天才なんて、世界中を探してもほとんどいないでしょう。

たぶんこの本を手にとってくださった皆さんも、頭の中が真っ白になったり、考えることが嫌になったりした経験があると思います。

私の職業はいわゆる「企画」ですが、企画という仕事は、物事を考える仕事というより、**物事を考え続ける仕事**です。

さらに言うと、企画を仕事にしている人だけではなく、ビジネスマンは皆、アイデアを出し続けなければなりません。

世の中は、どんどん変化し続けます。その変化に対応し、世の中の役に立つ仕事をし続けるためには、新しいアイデアが絶えず必要となります。アイデアを出すことをせず、ずっと同じことをしていては、必ず仕事の成果は下がります。これはとても恐ろしいことです。

企画が職業の人に限ったことではありません。デザイン、営業、販促、管理、研究、総務、人事……。どんな仕事でも、アイデアを出し続けることが求められます。すべてのビジネスマンは、新しいアイデアを出し続け、仕事を改善し続けなければ、成長が止まるどころか、間違いなく衰退していってしまうのです。

そのように考えると、「あと何十年も、新しいことを考え続けられるのだろうか」と、重圧を感じてしまうかもしれません。

少しプレッシャーをかけるようなことを書いてしまいましたが、でも、**そんなことはまったく気にする必要はありません。**

あなたは必ず、アイデアを出し続けることができます。毎日生活を続けるのと同じように、新しいアイデアは出し続けられるのです。

あなたのアイデアが枯れることは、絶対にありません。

この本では、**アイデアが枯れない頭のつくり方**を、皆さんにお教えします。

アイデアが枯れない頭のつくり方
目次

第2章 アイデアを思いつく頭のつくり方

第3章 連想からアイデアを生み出す「A×B＝C」の公式

第4章　「質より量」から最高のアイデアを選ぶ

第5章　アイデアを通し、実現させる技術

第6章　アイデアを出し続ける頭のつくり方

第 1 章

なぜ何も
思いつかなくなるのか

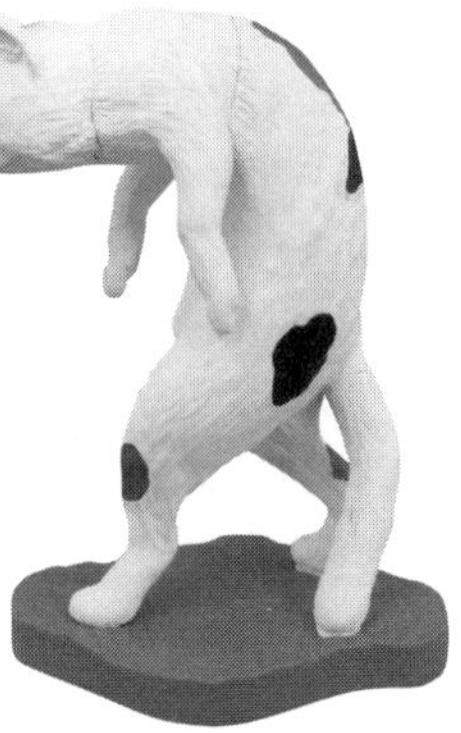

猫背（ガシャポン®）

「何も思いつかない！」が起こる理由

例えば、あなたの仕事が商品企画だったとしましょう。

あなたが売り上げなければならない1年間のノルマがあります。あなたはそれに向かって、新しい商品のアイデアを考え、上司や営業担当にプレゼンをします。

しかし、「そんなものは売れない」「過去に失敗例がある」「そもそも面白くない」「売れるというデータがあるのか？」などなど、たくさんの理由を突きつけられ、ボツになる。そしてこう言われます。「売れる企画じゃないとダメだ！」

こんなことを言われた日には、何も思いつかなくなって当然です。しかし、仕事の世界では、このようなことが日常茶飯事でしょう。利益を出し、損を出してはいけないビジネスの現場では、当然のことです。

ここで、まず心に刻んでいただきたいことがあります。あなたはこの先、絶対にこのことを忘れないようにしてください。

いいアイデアを思いつかなくてもいい。ダメなアイデアを出し続けられればそれでいい。

いいアイデアを思いつくということは、誰にとっても、とてつもなく難しいことなのです。奇跡と言ってもいいかもしれません。いいアイデアなど、出ないほうが当たり前なのです。

「∞プチプチ」も、言わば「奇跡の産物」だったのかもしれません。

このおもちゃは、会議の前日になっても新しい企画が何も思い浮かばず、焦ってオフィスをうろうろしていたところ、たまたま目に入った梱包用のプチプチを見て、「プチプチつぶすおもちゃが作れないか」とひらめいたことが始まりでした。大ヒット商品も、単なる偶然によって生まれたのです。

そのようないいアイデアを「思いつけ」と言われるのは、「空を飛んでみろ」と言われることと同じくらい、理不尽なことです。しかしそれを求められる、あるいは、求められていると思い込んでしまう人もいるでしょう。

だから、まずは「いいアイデアを思いつかないことが普通である」と知ってください。

少し、ラクになりませんか?

ここで、「アイデアを何も思いつかない!」という状況になる主な例を挙げてみましょう。

1. そもそも与えられたミッションが難しすぎる

例えば「今年1年間で1000万個売れるおもちゃを考えろ」というミッションを、絶対指示として言い渡されたとします。これはとてつもなく難しいことです。

極端なたとえですが、実際に、このようなとてつもなく難しい課題を与えられることもあるでしょう。こんな場合に「どうしたらいいんだ⁉」と、やるべきことが完全に見えなくなって、脳の回転がストップしてしまうことがあります。

2. 過去の成功にとらわれる

前回の企画が見事にハマり、大成功したとします。当然これはものすごく嬉しいことです。

しかしこの場合に起こりがちなのは、その成功例が長期にわたり企画の考え方に影響を及ぼしてしまうことです。すでに古いものとなってしまった成功体験を引きずってしまい、そこから外れるようなことを考えられなくなってしまうのです。

また、一度成功したことで、「これからも続けてヒットを出さなければならない！」とプレッシャーを感じてしまい、結果的に発想が固まり、苦しむケースもあります。

3. 他社競合品に影響を受けてしまう

例えば、誰が見ても面白く、「やられた！」と感じてしまうようなヒット商品が、競合他社から出たとします。そうすると、その成功例を意識しすぎるあまり、どうしてもそのアイデアの二番煎じのようなことばかりが頭に浮かんでしまうことがあります。

その結果、粗悪な模倣のような、より質が悪いアイデアばかりが頭の中をぐるぐると回り、何もアウトプットできなくなってしまうことがあるのです。

4. 他者のアイデアがよすぎて、心が折れる

世の中にはすごい企画をどんどん出せる能力のある人がいます。その人の企画や作品などを見て、圧倒的な差を感じてしまい、自分のオリジナルを考える自信がなくなってしまうこともあります。「あの人の企画はいつもすごい」「自分の企画はこの人に比べるとダメだ」などと劣等感を覚えてしまい、自分は何を考えたらいいかわからなくなってしまったり、考えることが嫌になってしまったりするのです。

5. 自分の新境地を見つけることに憧れてしまう

例えば、自分に得意分野があり、何年も同じジャンルで成果を上げてきているとしましょう。

しかし、「スキルアップのために、新しいことに挑戦しなければならないのではないか」という思いが頭をよぎったり、上司に「イノベイティブなことを考えてみろ」などとアドバイスされたりして、いったい何をすればいいのかわからなくなってしまう場合があります。

6．失敗が続いて、怖くなる

何年も企画の仕事をしているのに、ヒット商品が出ない。もしくは、数年前に一度ヒット企画を作れているのに、その後ヒットを出すことができない。そのような状態が続き、企画を考えたり提案したりすることが怖くなってしまうこともあるでしょう。

7．提案する相手が怖い

新しい企画、やってみたい企画が頭に浮かんだのに、それを最初に相談・提案しなければならない上司が苦手だったりして、その考えを無意識のうちに引っ込めてしまうこともあります。

また、同僚が話しづらい存在で、「こんな企画どうだろう」と気軽に相談できず、うじうじとためらっているうちに、他人に同じような企画を出されてしまう、というようなこともあります。

8．燃え尽きてしまう

何年も企画の仕事を続けてきて、ひとつのプロジェクトが終わると、また新しいことを提案しなければならなくなるというエンドレスな状況が何年も続いた結果、「いったい、いつまでこの繰り返しが続くのだろう」などと苦しさを感じてしまい、モチベーションが下がってしまうこともあるかもしれません。

以上のようなこと、あなたにも身に覚えがないでしょうか。

ビジネスの現場で、新しいアイデアを正式に提案することは、とてもエネルギーが要ることです。一生懸命考えたのに、簡単に否定されるし、場合によっては怒られることもあるかもしれません。どうして一生懸命アイデアを考えたのに、叱責されなければいけないんだと、落胆したりもします。同僚に嘲笑されることもあります。恥もかきます。アイデアを出すということは、とても大変な仕事のように感じられるかもしれません。

では、なぜ大変に感じてしまうのでしょうか。それは、**「アイデアを出すとは、いいアイデアを出すことである」と思い込んでいる**からなのです。

自分も、上司も、お客様も、ビジネスの現場では「アイデア＝いいアイデア」なんだと、当たり前のように思っている。

私も昔、自分ではいいと思って提案したアイデアに対して、「遊んでんじゃねえ！　ふざけるな」と言われてしまったことがあります。厳しい気もしますが、ビジネスの世界ではそういうこともあると思います。

いいアイデアとはそもそも何なのか。誰も明確には説明できないでしょう。

その答えは、それぞれの人の価値観や、とりまく環境によるところが大きいからです。それなのに、誰もがいいアイデアだけを探し、いいアイデアだけを出そうとします。

「悪いアイデアを口にすることは恥ずかしい」「評価を下げられてしまう」と思い込み、ダメなアイデアを口にすることは罪であるかのように思ってしまうのです。

ではどうすればいいのか。その答えこそ、先述したとおり、
いいアイデアを思いつかなくてもいい。ダメなアイデアを出し続けられればそれでいい
という一言でまとめられるのです。

まずは、どんな状況になってアイデアを求められても、**「くだらないアイデアでいいから、たくさん考えられれば、必ずうまくいく」**ということを信じてみてください。アイデアを出すことは決

して大変ではありません。大変だと「思い込んで」しまっているだけなのです。

アイデアを考えなければならない局面になったら、ダメなアイデアから考え始めましょう。そして、次々とダメなアイデアを考えてみましょう。

そうすれば必ず、「ダメじゃないアイデア」も出てきてしまうのです。

これこそが、いいアイデアを出す近道です。


これについては、追って詳しく説明をしていきますが、まずは信じてください。


アイデアなんて、何でもいい。

自分の考えることは自由なんだ。

アイデア出しは簡単で、ラクなんだ。


これが第一歩です。

そもそも、何も思いつかないなんてことはありえない

誰でも、考えなければならない課題を与えられて、「何も思いつかない。どうすればいいんだ。苦しい！」と思った経験があると思います。

しかし、それは、いいアイデアを思いつこうとしているからです。

改めて言わせていただきますが、あなたは今後一切、

いいアイデアを出そうとしてはいけません。

いいアイデアを出そうとしなければ、「何も思いつかない」「何のアイデアも浮かばない」などということはなくなります。「そんなの当たり前だ」「いいアイデアを出さなきゃ意味がないじゃないか」と思われるかもしれませんが、とても大事なことなので、心に刻んでください。

ここで質問ですが、あなたは考え事が好きですか？　一人でぼーっと、好きなことを想像したり、妄想したりすることはありますか？

基本的に全員がＹＥＳだと思います。

人間は、無意識のうちに、一日に数万個のことを考えていると言われています。一旦、あたりを見回して、自分の脳を意識してみてください。

人それぞれ内容は違っても、実にいろいろなことを、自然に頭に思い浮かべてしまう自分がいることに気がつくと思います。何も考えないようにすればするほど、何かが頭に浮かびます。

つまりあなたが、何も思いつかなくなるなんてことは、絶対にありえないことなのです。

もしかしたら屁理屈と思われるかもしれません。「そりゃあ、何でもよければ毎日考え事はしている。仕事で求められている問題の答えが見つからないだけなんだ」と思うかもしれません。

しかし、まずはこの事実を覚えておいてください。これこそが、あなたがアイデアを出し続けられる人——本書ではこのような人を「アイデアパーソン」と呼んでいきます——になるために最初に体に染み込ませなければならない、基本中の基本の考え方です。

あなたが仕事上でアイデア出しを嫌になってしまうのは、「成果を気にするから」「評価を気にするから」「責任を気にするから」。そしてその結果、「いいアイデアを出さなければ意味がないと思ってしまうから」です。

あなたはそうして、答えのない答えを探して苦しみ、考えることが大好きなのに、何を考えていいかわからず、思考の自由を奪われ、苦しんでしまうのです。

ダメなアイデアを思いついたらいけないのか

先ほどから「ダメなアイデアから考えよう」と散々言ってきましたが、これは何も、考えたダメなアイデアをすべて人に提案しなければならないということではありません。

まずはアイデアづくりの第一段階として、**自分の世界の中だけで、くだらないアイデアを考えまくるのです。**

人に言わなければ、どんなにくだらないことを、いくら考えようが、自由です。

要するに、いいアイデアの考え方は、このようなものです。

くだらないアイデアを思いっきりたくさん考えているうちに出てきてしまった、いいアイデアを拾う。

まずは自分一人きりで、誰の目も気にせず、アイデアの質も評価も気にせず、好きなように好きなことを考えてください。全力で、自由にアイデアを散らかすのです。

ここをどれだけ楽しめるかがポイントになります。それをすればするほど、必ずあなたが最終的に必要としているいいアイデアはあなたの元に近づいてきます。

たくさんのアイデアの中から選別したものだけを、正式に提案すればいい。それが否定されたら、また別のアイデアを提案すればいい。その繰り返しです。

頑張って考えたのに、時にはきつい言葉で否定されることもあるでしょう。しかし、あなたには無限のアイデアがあるのです。とにかく「アイデア出し」は、自分一人でくだらないことを妄想するところがスタートだと理解してください。

自分一人では何を考えようが、誰も文句は言いません。他人に相談したり、提案したりするアイデアは、選んで絞り込み、見せてもいいアイデアだけ見せればいいのです。一人で考える段階で、他人に否定されることを恐れていては、思いつくものも思いつきません。

あなたの発想力、考えられることの量は無限です。これがわかると、「何も思いつかない」という状況は起こらなくなります。とにかく、何でもいいから思いつけば、真っ白にはならないのですから。

ここまでで、なんとなくアイデア出しというものに対するハードルは下がりましたか？

アイデア出しが少しだけ楽しみになってきていませんか？

さあ、次のステップに移りましょう。

第2章

アイデアを思いつく頭のつくり方

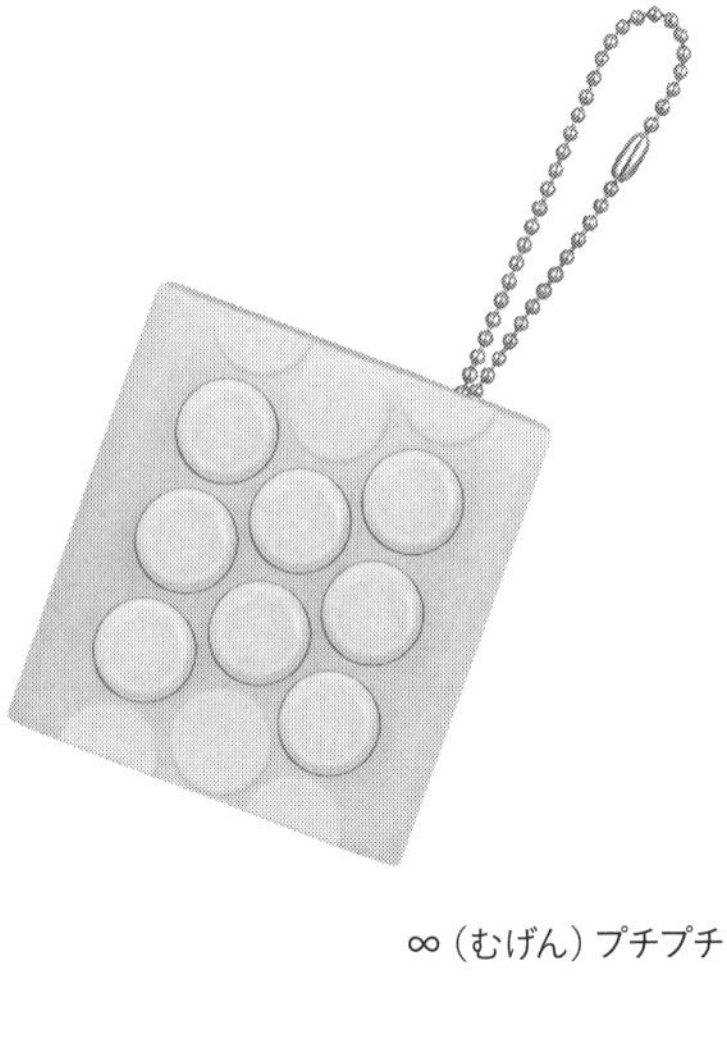

∞（むげん）プチプチ

あなたはどうやってアイデアを思いついていますか？

質問です。

あなたが会社で、仕事に関するアイデアを考えていたとしましょう。会議や打ち合わせで、同僚数名と一緒に同じ問題に対する解決策を考えている。そしてあなたは、あるひとつのアイデアを思いつき、「こういうアイデアはどうだろう？」と、皆の前で発言します。

さて、あなたはそのとき、どうやってアイデアを思いついたのでしょうか？

そんなことを聞かれても、わからないと思います。考えていて、ひらめいた、としか言いようがないでしょう。

なぜ、その考えがその瞬間に頭に浮かんだのかなんて、振り返っても覚えていないことですし、アイデアというものは無意識のうちに頭に浮かぶものです。

しかし、いろいろな思考が頭の中に浮かんでくるのには理由があるはずです。脳が何らかの信号を受け、そのアイデアのイメージを頭に浮かばせたわけです。

ここで、アイデアとはいったい何なのかということに触れておきますが、アイデアとは、頭の中にある記憶を組み合わせて、アレンジしたものにすぎません。

よく「ひらめいた」「頭に浮かんだ」「天から考えが降りてきた」などと、アイデアを思いついたときのことを表現することがありますが、人間が、自分の頭の中になかった、まったく新しいアイデアを生み出すということはありえません。アイデアとは、自分の記憶を材料としてしか生まれないのです。

原書の初版は1940年刊行、今でも多くの支持を集め、アイデア発想に関する古典的教本とも言えるジェームズ・W・ヤングの『アイデアのつくり方』（阪急コミュニケーションズ）の中でも、**アイデアは既存の要素の新しい組み合わせ以外の何物でもない**とされていますが、まさにそうです。

どんな考えも、自分の中にある記憶を組み合わせたり、アレンジしたりして、アウトプットしているだけです。だから、あなたが「ひらめいた」というアイデアは、すでに知っていた事例を現在の問題に置き換えたものであったり、組み合わせを変えたものであったり、そういうレベルのものなのです。

アイデアとはすべて、あなたの記憶を料理したものにすぎないのです。

しかし、それが「そういう考え方は今までなかった。新しくて面白い！」と思う組み合わせだったりすることは、たびたび起こります。すべてのアイデアは、何かを少し変えたものであるにもかかわらず、です。

それもそのはずです。**この世に存在する「万物」は、無限にあるアイデアの材料です。**あるものとあるものを組み合わせるパターンには限りがなく、それらはすべてアイデアです。

だから、アイデアはすべて既存の要素の組み合わせであるとはいえ、未発見のアイデアは無限に存在するのです。

あなた自身も、新しくて面白いアイデアを、何度でも見つけることができるのです。絶対に。

例えば、100人に「新しいゆるキャラを考えて、イラストを描いてください」と言って、色鉛筆と画用紙を渡したとします。

そうすると、ものすごく面白くて斬新で、人気が出そうなキャラは思いつかなくても、必ず一人ひとりがまったく違うキャラクターを描くことができるはずです。

絵が描けなくても、頭にぼんやりと何かしらをイメージすることはできます。しかもそれは、世界中の誰とも、ぴったり一致することのない絵になり、100人のアイデアの中には、他の人が思いもつかなかった、新しくて面白いアイデアもあるはずです。

皆、自分が今まで生きてきて、知っている記憶からイメージしてゆるキャラを考えるでしょう。

上手い下手は別として、何らかの考えに基づいて絵を描きます。その絵がどれだけ下手でも、立派なアイデアです。そしてそれは、その人がつくった世界にひとつだけのアイデアです。世界にひとつだけのアイデアを考えることは、とても簡単なことなのです。

「ゆるキャラを考えるなんて、私には難しい！」と思われるかもしれませんが、誰にも言わなくていいのなら、頭の中で何かしらは想像できるはずです。

試しにやってみてください。おそらく、キャラクターの名前を思いついたり、何をモチーフにしたキャラクターなのかを考えついたり、頭の中でぼんやりといろいろなことが想像されるでしょう。これがアイデアのつくられていく過程です。

まとまらなくても構いません。「たぬきとキツネが合体したキャラ」だとか、「名前はタヌキツネ」だとか、「特徴は語尾に『ポンコン』とつけること」だとか、細かい断片的なイメージがひとつだけでも出てくれば、それは立派なアイデアです。

記憶の組み合わせやアレンジはすべてアイデアであり、アイデア発想とはとても簡単なことである、ということを理解していただけたらと思います。

繰り返しになりますが、皆さんが「アイデアが出ない」と言っているのは、「問題を解決できる答えになっていて、新しくてカッコよくて、褒められるグッドアイデアが出ない」と言っているのと同じことです。

はっきり言って、そんなものが出ることは宝くじに当たるのと同じような奇跡なのです。そんなウルトラCを狙ってはいけません。

あなたは、今すぐにでもくだらないアイデアを出せる。ただそれだけが、踏み出すべき第一歩なのです。

アイデア発想の3大原則

私がこれまで約10年間、企画の仕事をしてきた上でたどり着いた「アイデア発想の3大原則」をまとめると、次のようになります。

1．A×B＝C
2．アイデアは「量より質」ではなく「質より量」
3．まずダメなアイデアから出し始める

私がこの3大原則を使うようになったのは、「∞（むげん）プチプチ」を企画開発し、それがヒットした後のことです。∞プチプチの成功体験を振り返り、分析した結果、最も効率のよいアイデアの考え方を「3大原則」としてまとめることができたのです。

∞プチプチを企画した2006年当時、入社3年目だった私は、まさしく「アイデアを何も思いつかない！」というスランプに陥っていました。入社3年目ともなると、「こういう企画は通らない」「これは過去に失敗したので注文が取れない」「これはコストが合わない」などの事情が頭の中を占めてくるため、新入社員時代に比べて、自由な発想ができなくなってくるのです。

また、後輩の手前、恥ずかしい企画のアイデアは出せないという見栄の感情も出てきて、ますます「いいアイデアを提案しなくては！」と考えてしまいます。身に覚えがある方も多いと思います。

私はとある企画会議の前夜に、その日まで苦労して準備してきた自分の企画書のつまらなさに愕然としていました。他社競合品のデータを分析して売れ筋を考え、まとまった企画ではあったものの、新しい要素は何もなく、正直なところ自分でも、売れそうだと思える内容ではありませんでした。

これではまずいと焦り、オフィス内をうろついていると、たまたま玩具を梱包するための「プチプチ」のロールが目に入り、「プチプチつぶすおもちゃが作れないか」というアイデアがパッと頭に浮かびました。時間もないので「プチプチキーチェーン」という企画を翌日、おまけのように企画書の最後に付けて提出しました。上司やチームメンバーからはいい反応はありませんでした。

しかし後日、自分の中でこのアイデアが、じわじわと面白くてたまらないものに感じられ始め、どうしても実現したいという気持ちを止められなくなりました。会議でプレゼンし、周囲の人たちの協力を得た結果、この商品は発売され、大ヒットしました。

この経験から、私は以下のことに気づきました。

1．このアイデアは、「キーチェーン玩具×プチプチ＝∞プチプチ」というまったく単純な組み合わせから生まれただけのアイデアだった

↓　**どんな組み合わせでもアイデアである**

2．単なる思いつきで偶然出たアイデアだった。それなら「単なる思いつき」を増やせば増やすほど、いいアイデアが出る確率が高まるのではないか

↓　**アイデアは質より量である**

3．∞プチプチは、データや前例を完全に無視し、「質」をまったく考えていないアイデアだった

↓　**質を無視しても、いいアイデアが出ることがある**

この3つの気づきから仮説を立てて「3大原則」を設定し、それ以降、ずっとこの考え方でアイデアをつくり続けてきた結果、アイデアが枯れるということが起こらなくなったのです。

3大原則その1：A×B＝Cの公式

それでは、アイデア発想の3大原則を、ここから詳しく説明していきます。

その1番目は、

A×B＝C

という、アイデア発想の公式です。

あなたは無意識のうちにアイデアを思いついていると述べましたが、それは無意識のうちに、何かと何かを組み合わせて、アイデアというものを考えているということです。

すべてのアイデア（C）は、A×Bから生まれるのです。

近年のヒットアイデアを例に考えてみましょう。日経MJが発表している毎年のヒット商品番付から、ここ数年ランクインしているものを見てみると、

C	=	A	×	B
LINE	=	チャット	×	スタンプ
パズル&ドラゴンズ	=	RPG	×	パズル
スマートフォン	=	携帯電話	×	タッチパネル
ノンアルコールビール	=	ビール	×	酔わない
消せるボールペン	=	ボールペン	×	消える
食べるラー油	=	ラー油	×	おかず

というように、すべてA×Bで構成されていることに気がつきます。

実際には、これらはそんなに単純にひとつの「A×B」でつくられているわけではなく、さまざまな技術や要素を、細かいたくさんの「A×B」としてつくることを繰り返して、最終形にたどり着いたものです。しかし最終形をシンプルに見てみると、「A×B」で既存のものが少しずつ形やコンセプトを変えていき、別の立派なアイデアとして完成していることに気がつくでしょう。

アイデア（C）はすべて、「A×B」で生まれるのです。

では実際にちょっと考えてみましょう。

例えば、あなたが、ぬいぐるみの企画の仕事をしているとします。しかし、犬や猫のぬいぐるみを作っても、似ているものが世の中にたくさんあり、なかなか思うように売れない。何か斬新で話題になり、売れそうなぬいぐるみを作れないか、と考えていたとします。

このようなアイデアを考えることは、実に簡単です。

基本的に、アイデアを考えるときは、Aを**考えたいテーマ**にします。この場合、Aはぬいぐるみです。Bは**万物**です。何でもいいのです。思いついた物事をどんどんBとして置き、「ぬいぐるみ×〇〇」をどんどん考えていけばいいのです。

これを、最も単純に考えると、

A	×	B	=	C
ぬいぐるみ	×	ポスト	=	ポストのぬいぐるみ
ぬいぐるみ	×	サンマ	=	サンマのぬいぐるみ
ぬいぐるみ	×	パソコン	=	パソコンのぬいぐるみ
ぬいぐるみ	×	車	=	車のぬいぐるみ

ぬいぐるみ　×　家　＝　家のぬいぐるみ

いくらでも出すことができます。

これらは、すべて**アイデア**なのです。あなた自身が考えた立派なアイデアです。

おそらく、こう思う方が多いでしょう。

「全部面白くないアイデアじゃないか」「そんなぬいぐるみ、あったって売れないだろう」「そんな使えないアイデアなんて、アイデアと呼べないじゃないか」と。

まずは、そのような考えを捨てることから、アイデアパーソンへの道は始まります。

最初から、アイデアの質を求めてはいけないのです。スマートフォンやLINEのような、化け物のようなすごいアイデアが突然出てくるわけがありません。いいアイデア、すごいアイデアを出そうと考えるのはやめてください。

いいアイデアを出そうとすることで、ほとんどの人はアイデアを出すことが苦手だと思い込み、考えるのが嫌になり、アイデアというものから遠ざかってしまうのです。

まずは、簡単なA×Bができれば、誰でもアイデアパーソンです。

アイデアを出すときは、考えたいテーマをAとして置き、Bにあたる言葉を、とにかくどんな方法でもいいのでたくさんかき集め、A×Bをどんどん発想していけばいいのです。

とにかく、アイデア出しの基本はA×B。

この時点では、まずこれだけを覚えていてください。これさえわかれば、アイデア出しはとてもシンプルであるとイメージしていただけると思います。

3大原則その2：アイデアは「質より量」

アイデア発想の3大原則の2番目は、

アイデアは「量より質」ではなく「質より量」

というものでした。

あなたはアイデアをいくらでも出すことができます。そして、アイデアの数を増やせば増やすほど、その中にいいアイデアが現れる確率が高まっていきます。

アイデアパーソンの実力は、いかにいいアイデアをセンスよく考えられるか、ではなく、いかに飽きずにくだらないアイデアをたくさん出し続けられるか、で決まります。たくさんのアイデアを出し続ける人が、必ずいいアイデアをGETできるのです。

一番いいのは、アイデアを考えるのが好きになることで、とにかく人よりひとつでも多くのアイデアを、楽しみながら愚直に出していくことです。ただこれだけで、あなたは誰にも負けないアイデアパーソンになれます。

では、なぜ「質」より「量」なのでしょうか。

「質がいいアイデアを1個出すほうが、ムダなアイデアを出すより時間もかからないし、効率的じゃないか」「アイデアを出し続けたって、自分にはいつまでたってもいいアイデアなんか出せないよ」などと思われるかもしれません。

例えば、あるタレントオーディションが開催されたとします。そのコンテストに100人が応募し、選考が進み、最終的にグランプリが決まりました。

このグランプリの人は、すごい人だと思いませんか？

もしかしたら完璧な100点満点ではないかもしれませんが、100人から選びぬかれたグランプリは、確実にすごい存在なのです。さらにこれが、500人、1000人の中から選ぶとなれば、グランプリのレベルはもっと高くなるかもしれません。

母集団が大きければ大きいほど、いい選択肢がその中にある可能性が高いのは間違いないのです。

量は、確実に質につながっていくのです。

だから、アイデアを考えろと言われて、3個考えるのと、1000個考えてその中から3個を選ぶのとを比べれば、絶対に1000個考えたほうが、いいアイデアをつくることができるのです。

まずはこの原則をしっかりと頭に入れてください。

別のたとえ方をすると、多くの人は、ダーツを1本渡されて、怖い上司やキツい意見を言う同僚の前で、「真ん中に当てろよ！　さもないと……」とにらまれながら、ダーツを投げさせられているような心理状態でアイデアを考えてしまっているのだと思います。

いいアイデアを考えなければ意味がない。評価が下がる。そんな気持ちでアイデア出しをするのは、誰だって嫌でしょうし、その状況でど真ん中を射貫けるわけがありません。

それに、どれだけ一生懸命計算して考えたアイデアでも、1発でど真ん中に当てることは奇跡に近いことです。それを目指すようなやり方では、アイデア出しが嫌いになったり、自信をなくしてしまったりして当然です。

あなたは自分の頭の中では自由にアイデアを考えていいのです。あなたの頭の中を見ることができる人も、頭の中の考えを批判するような人もいません。

あなたは常に、無限の数のダーツを持ち、何回投げてもいい状態にあるのです。たとえ変な投げ方をしたとしても、投げれば投げるほど、真ん中に近いところに当たるダーツが増えていきますし、いつかは真ん中に限りなく近いところに当たるのです。

目をつぶって投げていたっていつかは当たります。新しい、斬新な投げ方をしていても、狙うべき的の真ん中に近いダーツは現れます。

投げて、投げ続けて、ど真ん中に当たったとき、そのアイデアは狙いどころを捉えていて、かつオリジナリティと新しさを持った素晴らしいアイデアになるのです。ダーツを絶対に的に当てるためには、当たるまで投げ続けるしかないのです。

私自身、会社に入って企画の仕事を始めた頃は、なかなか企画が通らず、だんだんと何も思いつかなくなり、アイデアを出すのはこんなにもツラいのか、と何度も思いました。

しかし今では、**「アイデアの質を問わない。A×Bは即アイデア」**ということを知っているため、アイデアを箇条書きしていけば、1時間で100個程度のアイデアを出すことができます。

最初は無理だとしても、慣れること、楽しめるようになることによって、これは誰でもできるようになります。

私がアイデア出しの実践ワークを取り入れたセミナーを何度も実施してきた経験上、時間を計測して受講者の方々にアイデア出しをやっていただくと、最初はアイデアをほとんど出せなかった人も、最終的には30分で50個ほどのアイデアを出せるようになります。この数とスピードが大事なのです。

アイデアの候補をたくさん出して、最後に一番いいアイデアを選抜すればいい。

これが、最初からグランプリのアイデアを考えるよりも圧倒的に確実で、いいアイデアを出せる可能性が高い方法。しかも心をラクに、楽しくアイデア出しができる方法なのです。

３大原則その３：ダメなアイデアから出す

アイデア発想の３大原則の最後は、
まず、ダメなアイデアから出し始める
です。これは、私が最も強く広めていきたい考え方でもあります。

ここまで説明してきましたが、アイデアは質より量である。これに関しては理解していただけたと思います。

しかし、それでも人は、悪いアイデアよりはいいアイデアを先に探そうとしてしまうものです。当然かもしれません。小さい頃から、いい答えを出すことを教わり続けてきたわけですから。

仕事の世界では、何が正解なのかが非常に曖昧です。だから「いいアイデアを考えなければ」という気持ちでアイデアを考え始めることには、あまりメリットがなく、むしろアイデア出しのスピードやアイデアの量を落としてしまうことにつながり、よくないのです。

だから皆さんには、「アイデアは質より量である」に加えて、そのアイデアの量を稼ぐには、**ま**

ずダメなアイデアから先に考え始めるということを徹底していただきたいのです。

そうすることで、とりあえず「アイデアがまったく出ない！」という状態に陥ることがなくなります。これが一番重要なのです。

「ダメなアイデアを出すことに意味があるのか？」と疑問に思われると思いますが、大いに意味があります。

ここで、ダメなアイデアから出すことのメリットを２つ説明しましょう。

【メリット１】すぐに１個目のアイデアを出せて、２個目、３個目へとつながっていく

とにかく、アイデアが何も考えられなくなって、頭の中が真っ白になることが一番悪い状況なのです。そうならないためには、何でもいいから考える。意味や良し悪しは、まったく問わないほうがいいのです。

例えば、新しい雑誌を創刊する企画を考えなければならないとします。

このとき、最初に「売れる雑誌って何だろう」「どんなターゲットにどんなニーズがあるだろう」などと理屈で考え始めると、何もアイデアが出なくなり、考えることが嫌になります。

私も含め、たいていの人間は意志が弱く、ついつい怠けてしまう傾向があります。そのため、難しい課題を考えて一度行き詰まると、往々にして考えることから逃げ、やめてしまうという結末にたどり着くのです。

そうではなく、まずは1個目の案として、根拠も何も考えていないアイデアを出すのです。ここでは、まず自分が好きなことをひとつ目のアイデアとして出すのがいいと思います。

例えば私は「メンタルヘルス」の分野に関心があるので、

「ストレス解消雑誌」

はどうだろう、というひとつ目のアイデアを出します。

単純な自分の趣味嗜好からアイデアを出すのは一番シンプルで、簡単です。この雑誌で、どれだけの読者が見込めるかはまったくわかりません。しかし、これは紛れもなく、ひとつアイデアが出たと言える状況です。

そうすると、そこから人間の発想というものは自然に連鎖していくようになっています。

「ストレスといえば、座禅で心を整える方法もある。仏教の雑誌はどうだろう」→「仏像は?」→「インドは?」→「自分を見つめる一人旅は?」→「恋愛は?」……

というように、どんどん連想が広がっていきます。当然この時点では、アイデアの質や具体性はまったくありません。まずは**アイデアの種**だけをたくさんつくるのです。

この後の章で詳しく解説しますが、人間は物事を考えるとき、必ず「連想」という行為で何かを頭の中にイメージします。要するに、何かを考えたことで、それをきっかけとして、また別の何かを考えているのです。

先ほどの例のように、「メンタルヘルス」というキーワードから、

- **座禅**
- **仏教**
- **仏像**
- **インド**
- **一人旅**
- **恋愛**

と、いろいろな言葉を自由に連想します。

今ここに出てきた言葉は私の頭の中で連想した言葉ですが、人それぞれ考えるアイデアの種はまったく違うはずです。ここにアイデアの個性が出ます。この自分だけの「個性」を大事にすると、

人とかぶらず、かつ自分が熱意を持って具現化できるアイデアを出しやすくなります。

それらのアイデアの種から、一気に妄想をふくらませ、アイデアの種を「雑誌」というテーマと組み合わせていくと、

- **座禅**　↓　「ストレッチ体操」だけを延々と紹介する雑誌は？
- **仏教**　↓　お坊さんのファッション誌は？
- **仏像**　↓　彫刻の雑誌は？
- **インド**　↓　インドの情報誌は？
- **一人旅**　↓　ほとんど誰も知らない国の小さな町を特集する雑誌は？
- **恋愛**　↓　恋人をつくることに特化した雑誌は？

などなど、どんどん連鎖的にアイデアが出てきます。頭に浮かんだ思いつきを出していくだけで構いません。これを続けるのです。

アイデアを評価しないで、まず数を出す。今の段階ではこれに徹してください。

考えなければならない分野を会社から与えられているかもしれませんが、そこからそれたアイデアでも構いません。思いついたことをすべて書きとめてしまうのです。

もしかしたら、アイデアを考えること自体に慣れていない人の中には、「そんなにすぐ、いろいろ考えられない！」と思う方もいらっしゃるかもしれません。

しかし、そんなあなたも、毎日数万個のことを考え、すごい速さでいろいろな妄想をしているのです。好きな人のことや、休日の過ごし方、将来の自分などを妄想しているのです。妄想をしたことがある人は、必ずアイデアを量産することができます。

これがわかると、アイデア出しに発想力や頭のよさは不要だということがわかってきます。

【メリット2】ダメなアイデアが踏み台になる

仮にアイデアが100個、目の前にあるとします。その中には当然いいアイデアもあれば、ダメなアイデアもあります。

ビジネスの現場では、実にたくさんのアイデアが出て、そのほとんどが使えないアイデアとして消えていくわけですが、ダメなアイデアを出さないようにして、いいアイデアだけ用意しようとするなんて、ムシのいい話です。

ダメなアイデアを土台にせずして、いいアイデアは生まれません。

ダメなアイデアがダメだとわかり、その理由づけもできているから、それと比較して、いいアイデアは「いい」と認知されるのです。つまり、ダメなアイデアは必ず用意しなければならないのです。

たくさんのダメなアイデアがあって、それと比較できるから、いいアイデアに確信も持てるし、説得もできます。いずれにせよ、誰しもがダメなアイデアも出さなければいけない運命にあるのです。カッコつけて、「私ほどの人間は、いいアイデアしか口にしてはいけない」などと思ってしまうと、もうダメです。

いいアイデアを先に出すか、ダメなアイデアを先に出すかの違いだけなのです。それであれば、ダメなアイデアを、何の計算もなしに出し始めるほうが、ラクにアイデア発想の第一歩を踏み出せるぶん、いいと言えます。

とにかく、あなたがもし今、考えなければならないことがあるとしたら、「絶対ありえないだろうな」と思うことを5秒でひとつ挙げてください。そして、それをきっかけに「あれはどうだろう」「これはどうだろう」と考えを巡らせ、どんどん違うアイデアを派生させてみてください。

それがアイデアパーソンになる近道なのです。

斬新なおもちゃをどうやって思いついたか

ここで、私が行っているアイデアの考え方を具体的に説明しましょう。

私は現在、「ガシャポン®」と呼ばれるカプセル自販機玩具の企画開発を担当していますが、例えば2013年に企画開発し、発売した「ほじれるんです。」という、好きなだけ鼻の穴をほじることができる鼻型のキーチェーン玩具があります。

この商品のアイデアは、以下のような考え方のフローで生まれました。

・新しいコンセプトの、遊べるキーチェーン玩具を考えよう

↓

・A（キーチェーン玩具）×Bの「B」を、適当に考えまくる。思いついたことをどんどんBに入れて、掛け合わせたらどんなアイデアになるかをアウトプットしていく

↓

・B＝「鼻」というキーワードが偶然出てくる。そこから考えを広げる。鼻をほじるという行為は、人前でしてはいけないが、実はみんなやっている。それを、好きなだけ人前でやれるというコンセプトのキーチェーン玩具ができたら面白い！　と、ストーリーがつながる

以上のようにしてアイデアが生まれたのです。「鼻」というキーワードは、たくさんの言葉を次々と考えていった中で偶然に出てきたものです。このような考え方を続けていくと、必ず「A×B」で出てくるたくさんのアウトプットの中に、ピンとくるものが現れるのです。

このアイデアは、実際に数百個の「A×B」で考えたアイデアの中から選んで企画としてまとめ、商品化されて、10以上のテレビ番組で紹介される話題の商品になりました。

アイデア出しとは本当にシンプルであることを、より深く理解していただけたでしょうか。

これでまた、アイデア出しに興味がわき、今すぐアイデアを考え始めたい！　と感じた方も多いと思います。

さて、次からは、アイデアをより速く、よりたくさん出し続けるための練習に入っていきましょう。

第 3 章

連想からアイデアを生み出す「A×B＝C」の公式

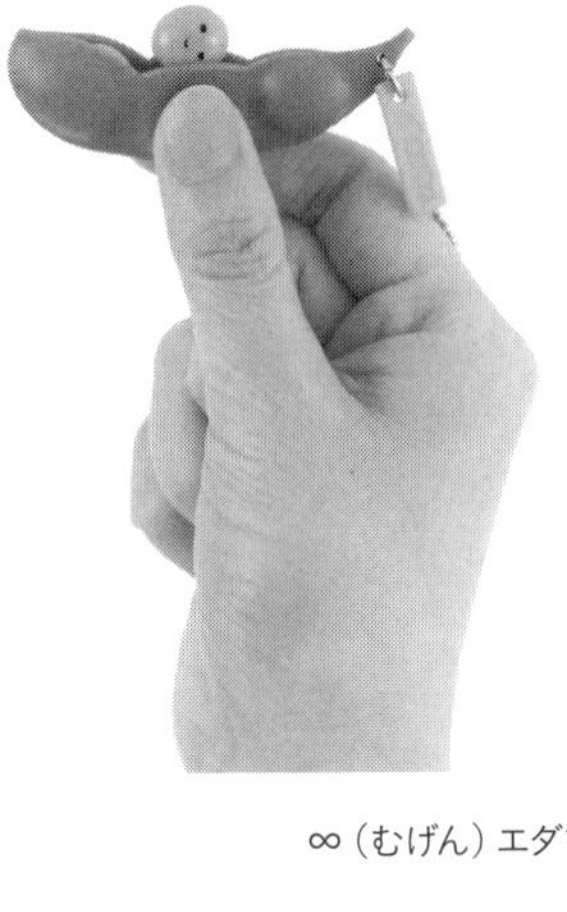

∞（むげん）エダマメ

すべての発想は「連想」である

前章まで、アイデア発想の3大原則を述べ、アイデア（C）とは「A×B」で考えるものである、ということをお話ししてきました。Aは考えたいテーマ、Bは万物であり、無作為に大量の言葉を集めればいい、2つを組み合わせて発想したものこそがアイデアである、と説明してきました。

しかし、そもそもこの「発想」とは何なのか。これに関しては、「アイデアは既存の要素の新しい組み合わせ以外の何物でもない」という表現を借りて説明しただけになっています。

ここで、一度そのことを振り返ってみたいと思います。発想とは、頭の中の記憶を料理して何かを思いついていることだと説明しましたが、別の言い方をすると、私たちは、何かの記憶をきっかけに、別の何かを思いついているのです。

例えば、今夜何を食べようかな、と考えることがあります。

食べたいものをパッと思いつくこともありますが、そんな場合でも、よくよく考えてみると、記憶や情報が元になっていることが多いのではないでしょうか。

「昨日の夜、テレビ番組に美味しそうな肉料理が出ていたな。今日は肉にしようかな」

とか、

「キャベツがとても安いな。じゃあ野菜炒めにしようかな」

など、何かの記憶や情報を元に、夕飯の献立を思いつくのはよくあることです。

人間が考えることはすべて、**何らかの記憶や情報を触媒として、別の考えが頭に浮かんでいると**言うことができます。

これは、辞書でいうと**「連想」**という言葉に該当します。


何かを考える、すなわち「発想」は、他の何かをきっかけにした「連想」なのです。


先述したように、人間は一日に数万個のことを考えていると言われています。私たちは、知らず知らずのうちに、とてつもない量のことを考え続け、そして忘れていっているのでしょう。

例えば、仕事の課題があったとします。どうやったら解決できるのか。私たちはそれを考え始めるでしょう。しかし、知らないうちにそのことを考えるのをやめ、夜に放送されるテレビ番組のことや、好きな人のこと、趣味のこと、別の悩みを考えている状態になると思います。

これは普通のことです。私たちの頭の中では、自分ではとうてい認識できないほどいろいろな考えがぐるぐると回っているのです。いったい何を考え始めるのか、どんな考えを巡らすのか。それは無意識に、めまぐるしく変わり続けます。

このように、頭で考えている内容はすべて「連想」なのです。

私たちの頭の中では、次々といろいろなことが思い浮かびますが、これらは何のきっかけもなく、頭の中に浮かんできているわけではありません。すべての考えやイメージは、何かがきっかけで頭の中に浮かんでいるのです。

細かくいろいろなことを考えてしまうという現象はすべて「連想」です。例えば何かを見たから、刺激を受けて何かを思いつく。それで何かを思い出し、さらに何かを思いついてしまう。このようなことをずっと連続で行っているのです。

ここでわかっていただきたいことは、誰もが、普段から自然に連想という行為をし続けており、「アイデア出し」もそれと同じであるということです。

アイデアを考えたいときは、普段頭の中でやっている考え事と同じことをすればいいだけなんだとわかると、アイデア出しなんて簡単だ、と思えるでしょう。

続けて、連想とは何なのか、もう少し深く考えてみましょう。

「A×B」の「×」とは何か

ここでおさらいですが、前章で、アイデア出しは、

A×B＝C

で、すべて考えられるとお話ししました。

Aは、あなたが考えたいテーマ（問題）
Bは、この世のあらゆる要素、すなわち万物

になります。

これは先ほど説明したとおりですが、そもそも、この「×」とは何なのかについては、少し曖昧になっていました。

ここで改めて、「A×B」のやり方を確認しましょう。

Aは、あなたが今考えたい問題です。例えば、新しいビールを企画開発することがミッションであったとします。その場合、Aが「ビール」になります。

そして、Bにさまざまな言葉や要素を入れて「A×B」の公式を使っていきます。

A × B ＝ C

ビール × リンゴ ＝ ？
ビール × 車 ＝ ？
ビール × 空 ＝ ？
ビール × ねこ ＝ ？
ビール × 会社 ＝ ？

さて、あなたは、この5つの式を見て、そこから導き出されるものとして、何を頭の中に思い浮かべたでしょうか。

例えば、「ビール×リンゴ＝？」について考えてみましょう。

まずは、ここから思いつく新しいビールの企画を、パッと考えてみてください。

皆さん、人それぞれ思いつくことは違うと思いますが、おそらくまずはシンプルに、このようなことを考える方が多いのではないでしょうか。

「リンゴ味のビール」

まあ、ビールにリンゴの要素を組み合わせろと言われたら、素直に考えるとこうなると思います。これは決して短絡的な発想ではなく、立派なアイデアです。すでに世の中に存在するかもしれないし、他の多くの人も同じことを思いついているかもしれない。しかし、これはあなたが考えたひとつのアイデアなのです。

では、「リンゴ味のビール」以外、どんなことを思いついた人がいるでしょうか。

今この本をお読みいただいている方の数だけ、いろいろなアイデアがあると思いますが、例として私が、いろいろなことを連想して「ビール×リンゴ」で商品企画を考えてみたいと思います。

頭の中での考え方を説明するとすれば、

Ⅰ．B（リンゴ）から連想される物事をいろいろと考える

2. それをA（ビール）と組み合わせたら何になる？ を考える

これが「×」の基本的なやり方です。

この「×」の部分は、普段は意識することなく誰もがやっていることなのですが、ここであえて詳しく解説してみましょう。一例として、私が「A（ビール）×B（リンゴ）」でアイデアを考えているときの頭の中の考えは、例えば以下のようになります。


「……リンゴといえば、ニュートンの万有引力の話がある」

「落ちるといえば、ジェットコースターで落下するときのような、お腹がヒューッとなるような爽快感を味わえるビールはないだろうか」

「本当に落ちてしまう感覚を味わえるほど、アルコール度数が高いビールはないだろうか」

「ニュートンは頭がいい。飲むと何かがひらめくビールは？」

「アルコール度数を低くして、酔う度合いを適度にして、飲みながら仕事をしたり、ブレストをしたりできるビールはないだろうか」

「引力といえば、引っ張り合う力。飲むときに瓶の口が吸い付くなど、容器の形で飲み心地を変えられないだろうか……」

今、私は実際に、「ビール×リンゴ＝？」ということを考えながら、右の文章を書いていました。このような連想と組み合わせの連続の中から、たくさんのC（アイデア）が生まれるのです。

この文章を見ると、「リンゴ」とは何ら関係のないアイデアがたくさん出てきていることがわかります。これが、頭の中で自然に行われている、連想に次ぐ連想の結果です。理屈で考えなくても、私たちはこのようにして、どんどん頭の中のいろいろな記憶を材料に、AとBを結びつけ、Cをつくっているのです。

ここで今一度、この「×」とは何なのかを整理してみると、次のような説明になります。

「×」は、Bから連想して広げたB′（Bダッシュ）を、Aと自由に組み合わせること。

小難しい表現ですが、これはおそらく誰もが無意識にやっていることなのです。本書では、これを意識しながら、皆さんの連想する力を高めていきたいと思います。

【練習問題】

Q．先ほどの例で出した「リンゴ」以外のBを使った「ビール×B」の式

A × B ＝ C

ビール × 車 ＝ ？

ビール × 空 ＝ ？

ビール × ねこ ＝ ？

ビール × 会社 ＝ ？

から、連想を使ってさまざまなビール企画を考えて（自由に想像して）みてください。

「×」に必要な2つの連想力

先述したように、アイデア（C）を考えるということは、テーマ（A）と万物（B）の「×（組み合わせ）」を行うということになりますが、これを実行するにあたって必要な作業が、

- **Bから広げた「B′（Bダッシュ）」を連想する**
- **Aを深掘りした「A′（Aダッシュ）」を連想する**

の2種類です。

次に、これらの2つの作業に関して解説します。

Bから広げた「B′」を連想する

まず、幅広い「×（組み合わせ）」を行うためには、Bとして思いついたひとつのワードから、いろいろな別の言葉・要素・イメージに展開をする力が必要になります。

以前、「連想ゲーム」というテレビ番組がありました。

チーム対抗戦で、チームのキャプテンがまずクイズの答えとなる言葉を伝えられ、その答えを連想させるワード（言い方を変えれば、その答えから連想できるワード）を次々に考え、ヒントとしてチームメンバーに伝えていきます。そしてチームメンバーである解答者が、何の言葉をもとにキャプテンがヒントを言っているのかを当てるというゲームでした。

例えば、キャプテンはこのようなヒントワードを次々に出していきます。

「カバー」「積む」「ひも」「紙」「書く」「知識」「貸し出し」「物語」「面白い」

何を連想するでしょう？

そう、答えは「本」です。

アイデアを考える際に、A×B＝Cを実行すると説明してきましたが、このときに、この連想ゲームのキャプテンのように、アイデア連想の触媒の役割となる「B」から連想される言葉「B′」をたくさん出す作業を行います。これにより「×（組み合わせ）」の幅が広がるのです。

先述した例で、「ビール×リンゴ＝C」のアイデア公式を考えている私の頭の中の流れを紹介しましたが、この過程の中、最初に、リンゴから「ニュートンの万有引力」を連想し、そこから考えを広げていきました。この「ニュートンの万有引力」が「B′」です。

このようにリンゴ（B）から連想されるさまざまな言葉・イメージをまず頭の中に浮かべると、その後の「×（組み合わせ）」の実行がどんどんできるようになります。

改めて、私がリンゴと聞いて思いつく「B′」をざっと書いていくと、

B′

・ニュートンの万有引力
・青森
・丸かじり
・アップル社
・ビートルズ
・ウィリアム・テル
・青りんご

というような感じになります。

そうやって、リンゴ（B）から連想できる物事（B′）をたくさん出し、ビール（A）を組み合わせたらどうなるか考えるのです。このB′がたくさんあればあるほど、「×（組み合わせ）」のパターンが増え、いろいろなアイデアが自然に誕生します。

これは、誰でも少し練習すればできるようになることです。というか、誰もが無意識にやっていることなのです。

Bからどのような B′へと広がっていくのかは、初めから予測がつくものではありませんし、やるたびに変わってしまうものです。最初の言葉がリンゴである意味も特にありません。何をBにして、どんな B′へ広げるかは自由なのです。

そうして出てきたたくさんの B′から、Aと結びつくものを拾って、どんどんアイデアを生み出していきましょう。

Aを深掘りした「A′」を連想する

ここまで、「A×B＝C」を実行しやすくするために、「B′」をつくることに関して述べてきましたが、たくさんの B′を考え出しても、なかなかうまくAと結びつけられないことがあります。

考えなければならないテーマである「A」と組み合わせる作業である「×」を、さらに自由度高く行うために、今度は「A」を深掘りしていきます。

すなわち、B′をAに結びつけやすくするために、「A′」をたくさん出していくのです。

前に述べたビールの商品企画に戻りますが、あなたは「ビール（A）とスマホ（B）を結びつけて、新しいビールのアイデアを出せ」と言われたら、どう考えますか？

ビールとリンゴであれば、どちらも同じ飲食物ですから、例えば「リンゴを使ったリンゴ味のビール」のようなイメージが湧きやすいのですが、スマホとビールは一見何の関係もありません。

これをどうやって結びつけるのか。

まずは先ほど説明したように、Bに当たる「スマホ」から、「B′」として、どんどん言葉を連想して展開していき、ビールと結びつけやすい言葉をたくさん拾っていきます。

例えば、スマホから連想されるB′として、「高性能」「アプリ」「ゲーム」「無料」「折りたたまない」「メール」「電話」「フリック」「タッチ」「機械」「薄い」「水没」「契約」……などが考えられます。

こうして、今私が出した十数個のB′を見ていただくと、いくつかはビールと結びつけられそうな言葉があると感じませんか？　ひとつでもこれらの連想ワードを見て、ビールと結びつけて「こんなアイデアどうかな」と思いつくことができた人は、すでに「×（組み合わせ）」を行う力を持っています。

しかし、もしかしたら「ひとつも思いつかない」という方もいるかもしれません。そこで、B′をAに結びつけようとするだけでなく、**Aを深掘りした「A′」をたくさん出して、B′と組み合わせやすいものを探す**という作業を行います。

B′がBから連想される言葉を自由に出していくのに対し、A′は、Aが持つ要素を分解して生み出します。

例えば「ビール（A）」と「スマホ（B）」を結びつける場合、A′（ビールの持つ要素）として、「味」「見た目」「香り」「炭酸」「アルコール」「原料」「容器」「飲み会」「値段」「気分」「商品名」など、さまざまなものを連想できます。これらのA′から、さまざまなB′と結びつけやすいものを選び、「A′×B′」を実行していくのです。

先ほどスマホ（B）の「B′」として挙げた「高性能」と組み合わせると、

「炭酸×高性能」とは何か?

「容器×高性能」とは何か?

「商品名×高性能」とは何か?

という、アイデア（C）につながりやすい式が生まれます。

AとB、両方から連想ワード「A′」「B′」をたくさん出し、これとこれを組み合わせたら、どういうアイデアになるだろう、と考えていくのです。そうすると、連想ワード同士の組み合わせの数が増加し、**すんなりとつなぐことができる組み合わせだけをどんどん実行していけるのです。**

つまり、ここまでをまとめると、

A（テーマ）×B（万物）＝C（アイデア）を、

A′（Aを深掘りした要素）×B′（Bから広げた要素）＝C（アイデア）

とすることで、「×（組み合わせ）」が自然に実行でき、どんどんアイデアを出せるようになるのです。

出てくるA′もB′も、「×」のやり方も、人それぞれの記憶や考え方によってまったく違います。

だからアイデアは面白いのです。

アイデアの魅力は、すべての人間が、一人ひとり違うことを発想できること。そして、この世で自分にしか発想できないアイデアが必ずあることなのです。そう考えると、アイデアを考えることに、あなたもワクワクしてくるはずです。

【練習問題】

Q.ビール（A）×スマホ（B）で、新しい商品（C）を考えてみてください。

連想を使ったアイデアづくりをやってみよう

それでは、ここまでのまとめとして、実際にアイデアを100個つくってみたいと思います。

「100個もアイデアが出せるのか?」と疑問に思い、驚かれる方もいるかもしれません。

しかし、例えば社内やクライアントに対して企画を提案するために、ベースとして考えなければならないアイデアの数は、100個が基本だと考えていただきたいと思います。例えば5つの案を提案するために、5つしかアイデアを考えないようでは、まったく話になりません。

本当にいいアイデアは、1000個に1個の割合で出てくると、私は経験上確信しています。ダメなアイデアから考え始め、1000個のアイデアを出し、その中から選び出したひとつの最高のアイデアだけが、世の中の多くの人に受け入れられ、話題になったり、ヒットしたりするのです。

最高のアイデアを選び出す方法については、次の章でまた詳しく説明します。ここではまず、私がアイデア出しの1単位として普段から実践している**100個のアイデア出し**を、例としてやってみたいと思います。

今回は、ビジネス書の商品企画として「仕事のストレス解消本」とジャンルを設定し、新しい切り口の書籍のアイデアを考えてみることにしましょう。

アイデアを考えるときは、最初に「A×B＝C」のAにあたる「テーマ」を絞っておかなければなりません。しかしながら、テーマを絞った上で、それを半分は無視して、自由にアイデアを散らかすのです。

つまり、途中でビジネス書のアイデアでないものが出てきても構いません。最後にアイデアをテーマに沿って精査していく形を取るからです。そのほうがテーマに縛られすぎずに、幅広くアイデアを考えることができます。

まず、これまで何度も説明してきたように、「A×B＝C」の公式でアイデアを考えます。

Aは最初に設定した「仕事のストレス解消本」となります。

そしてBには、何でもいいので、ランダムなたくさんの言葉を持ってきます。その言葉を連想の触媒として使います。

ではまずはじめに、A×Bを、Bの言葉をどんどん出しながらつくっていきましょう。

A（仕事のストレス解消本）×　B

車
マント
跳び箱
コラーゲン
現代
いざこざ
座頭市
千葉
バケーション
しょんぼり
リクエスト
トナカイ
いらいら
ラブ
ブラシ

ショータイム

昔

試験官

関東

牛

まずはこのように20個の式をつくりました。

Bの言葉を無作為にどうやって出していくかですが、私は基本的に、Bを「しりとり」でどんどん出していく方法を使います。お気づきかもしれませんが、右の例でも、Bはしりとりで右から順に言葉を出しています。

冗談のように思われるかもしれませんが、連想でアイデアを自由に広げるためには、Bをしりとりで出していくことが最適な方法だと、私は考えています。この方法を「アイデアしりとり」と呼び、世の中に広めていく活動も行っています。

この方法に関しては、私の著書『∞（むげん）アイデアのつくり方』（イースト・プレス）や、ＹｏｕＴｕｂｅなどで視聴できる「ＴＥＤｘＴｏｋｙｏ」の動画を見ていただけると、より理解を深めていただけると思います。

Bをランダムに素早く大量に用意するために、ある言葉の最後の文字から始まる次の言葉を出していくというしりとりのルールが最も適しているのです。

しりとりを使って出していく「B」は、何も考えず1秒で頭にひらめいたもので構いません。「B」はこの後の連想の単なる触媒・きっかけにするだけで、どんな言葉であるかにはまったく意味がないのです。頭を使うところはあくまで「連想」のステップ以降になります。

次に、式をひとつずつ見ながら、「A×B＝C」がどんなアイデアになるかを、「A′」「B′」を連想し、「×（組み合わせ）」をすることにより、どんどん出していきます。先述したように、考えるアイデアは量が重要であり、ダメなアイデアから先に出すつもりで出していきます。

まずは、最初に出た

A（仕事のストレス解消本）×B（車）

でアイデアを考えましょう。

最初にBをもとに「B′」をどんどん連想していきます。

【B（車）から連想されるB′】

エンジン、スピード、家族、レース、タイヤ、カーナビ、機械、高い、マニュアル車、ブレーキ、カーブ、鉄、危ない、運転、信号、中古車、レンタカー

次に、これらを「仕事のストレス解消本」と結びつけてアイデアを考えていきますが、その前に、Aを深掘りした要素「A′」も連想し、挙げておきます。

【A（仕事のストレス解消本）が持つ要素A′】

仕事術、出世、勉強、効率、元気、心、人間関係、自己啓発、コンビニ、転職、ストレス、月曜日、残業

以上のように、BとA、それぞれから連想した「B′」「A′」を組み合わせていき、「思いついたこと即アイデア」の姿勢でアイデアを出していきます。大切なのは発想にブレーキをかけないことです。何を思いついてしまっても、止めずに吐き出していきます。

C	＝（A′ × B′）
スピード仕事術	＝（仕事術 × スピード）
変化球仕事術	＝（仕事術 × カーブ）
出世レースを楽しむ	＝（出世 × レース）
出世レースをせず、路肩を走る方法	＝（出世 × レース、運転、危ない）
仕事のカーナビ「仕事ナビ」システムを作ろう	＝（仕事術 × カーナビ）
あなたはギアをローにしたまま走っていないか	＝（効率 × マニュアル車）
ブレーキをかけない仕事術	＝（仕事術 × ブレーキ）
部下を操作する方法	＝（人間関係 × 運転）
上司を操作する方法	＝（人間関係 × 運転）
心の信号を作る	＝（心 × 信号）
乗り換え転職術	＝（転職 × 中古車）
成功者はレンタカーを使う	＝（出世 × レンタカー）

以上のように、12個のアイデアを出しました。それぞれのアイデアは、テーマとずれていたり、

どんな内容かよくわからなかったりするものもあります。しかし、ひとつの式からすでに12個のアイデアがつくり出されたわけです。

このようにして、先ほどしりとりで出した残り19個の「B」も使って、「A（仕事のストレス解消本）×B」でアイデアを出していきましょう。

それぞれの「B」から連想した「B′」を、先ほど出した「A′」と組み合わせて、どんどんC（アイデア）を出していったのが、左ページから始まる表です（表では「A′」「B′」の要素は記していません）。

B	C（アイデア）
マント	空を飛ぶ仕事術
	海外との境界線はない
	サルでもわかる仕事術
	ヒーローに学ぶ仕事術
跳び箱	大切なことはすべて小学校が教えてくれた
	踏み切り仕事術
	ジャンプ仕事術
コラーゲン	仕事で健康を害することは仕事ができない証拠だ
	健康仕事術
	ぐにゃぐにゃ仕事術
	栄養素仕事術
現代	戦国武将に学ぶ仕事術
	過去と未来を一切考えない
	今の会社は、10年前とすでに変わっている
	会社より大切なこと
いざこざ	ケンカ仕事術
	格闘ゲーム仕事術
	まず土下座せよ
	怒っている人をバカにしろ
座頭市	ハンディキャップ仕事術
	短所はあればあるほどいい
	目で見ない仕事術
	たった一つのことを突き詰める

B	C（アイデア）
千葉	地方力
	田舎出身力
	通勤電車200%活用術
	2位でいるビジネス戦法
	ノスタルジック発想術
バケーション	完全に休む方法
	ドラマに学ぶ仕事術
	ドラマの名言
	南の島ではたらく方法
	年間180日休んで仕事をする方法
	休みなどいらない
	平日と休日を区別しない生き方
	休日1時間残業術
	平日休日逆転仕事術
	睡眠仕事学習法
しょんぼり	ネガティブ仕事術
	一瞬で立ち直る方法
	好きなだけしょんぼりしなさい
	落ち込めば落ち込むほど心は強くなる
	会社で隠れて生きる方法
	残念な人に思われない方法
	残念な人に思われていた方がいい
	努力してないフリをしろ

B	C（アイデア）
リクエスト	ラジオはネタの宝庫
	仕事が出来るようになるにはDJをめざせ
	DJプレゼン術
	ハガキ職人に学ぶ企画術
	大喜利企画術
	イベント企画に役立つ選曲集
	仕事のやる気を200%にする曲カタログ
	欲しいものを考えれば仕事はうまくいく
	自分の人生にリクエストせよ
トナカイ	サンタクロースは最強のビジネスマンである
	信じる力
	自然を大切にすれば仕事はうまくいく
	まずは花を一輪育てなさい
	サンタとトナカイに学ぶリーダー論
いらいら	イライラすれば仕事はうまくいく
	イライラしない50の方法
	1年間だけ、会社で怒りまくれ！
	会社で一番恐い人間になれ
	「アメとムチ」マニュアル
	ストレス解消運動術
ラブ	恋愛を練習すれば、仕事もうまくいく
	仕事より合コン
	恋のために、仕事を1年休みなさい
	社内恋愛マニュアル
	仕事に恋をしよう
	仕事を愛してはいけない
	仕事タイプ別、あなたにピッタリの異性は？

B	C（アイデア）
ブラシ	机の掃除はするな
	掃除から仕事は始まる
	ビジネスマン武士道
	自分を磨くことだけ考えて生きろ
	仕事ストレスは、自分を研ぐ砥石である
	会社で昼に歯を磨け
	会社で一番眩しい人になる方法
	あなたの未来は絶対に光り輝いている
ショータイム	まずはイベントを企画しよう
	バンドに学ぶ仕事論
	It's 笑Time　―笑いこそ仕事のすべて―
	時間を思いのままに操る方法
	時間に追われず、追いかける
試験官	時を止める生活術
	日記仕事術
関東	未来日記をつけよう
	仕事実験
	会社でこんなことやってみた
牛	3年間だけ独立してみた日記
	地方に支社を作れ
	都心に住め
	ぎゅうぎゅう詰めに働く仕事術
	マタドール仕事術

これで計100個強のアイデアを出すことができました。

私はこの方法でアイデア出しをするときには、パソコンのExcelを使用します。参考までに私のやり方をお教えします。

最初に表の中に見出しとしてAを書き、その横にA′を書き連ねておきます。

次に、1列目に、しりとりで無作為に出したBを上から書いていきます。そしてB′をそれぞれ頭の中で連想しながら、A′との組み合わせによって頭に浮かんだC（アイデア）を、表の2列目以降、それぞれのBの横にどんどん書いていきます。

Cはいくつ出しても構いません。思いついたことはすべて書き留めるつもりで記入します。B′は、Bごとに考えて書き出すことはしません。連想して頭の中に浮かんだB′を、自然に結びつくA′と組み合わせてつくられたCをどんどん記入していくという形を取ります。

そして、ひとつのBからのアイデア出しにあまりとどまらず、どんどん次のBを触媒にしたアイデア出しへと移行していきます。あるBからパッと思いつくアイデアがなければ、そのBはすぐにスキップし、次のBへ移っていきます。このようにして、直感とスピード重視でアイデアを考えていくのです。

先ほど例として出した100個強のアイデアの中には、やはり、テーマである「仕事のストレス解消本」に厳密に沿うことができていないものもあれば、意味がよくわからないものもあります。いいアイデアを考えようとして出したものではないからです。

しかし、アイデア出しとはこのように、最初は制約がない状態で自由に考えたほうが、ラクで楽しく、勢いがつくのです。

最終的には、当然テーマに沿ったアイデアをつくらなければなりません。しかし、最初からピンポイントの答えを考えるのではなく、まるで外れた方向のことから考え始めても、自分の頭は最後に答えを出すべき問題をわかっているので、自然にそれに向かっていくアイデアが出てくるのです。

後の章で、たくさん出したアイデアの中から、テーマに沿ったよいアイデアを選び出す方法を解説しますが、まずはくだらないアイデアを散らかして考え始めるようにしましょう。

とことんラクに、自由に、楽しく、です。誰にでもできるアイデア発想法として、くだらないアイデアをたくさん考えることに勝る手法はないのです。

企画の仕事以外への応用

本書ではここまで、企画の仕事に関するアイデア出しをベースに話を進めてきましたが、企画だけではなく、あらゆる仕事でアイデア出しは必要とされています。

企画に関して言えば、先述した、いろいろな言葉を「A×B」のBに入れてアイデアを連想していく方法がすぐに使えますが、業務によってはいろいろな形のアイデアを出さなければなりません。ここでは、さまざまな分野のアイデア出しをするにあたり、どのようにしてアイデアを考えていくかの例を説明していきます。

基本的には、すべてのアイデアは「A×B＝C」でつくることができます。これまで説明してきたやり方と同様に、B′とA′を出すことにより、どのようなアイデアでも自在に考えることができるのです。

以下にいくつか例を挙げていきます。

プロモーション案を考える（広告代理店や企業の販促担当、ＰＲ担当など）

プロモーションも企画の仕事のひとつといえますが、販促担当やＰＲ担当の人の業務においては「どんなプロモーションにするか」がＡ（テーマ）になります。

これに対してＢに自由な言葉を次々に入れ、アイデアを連想していくわけですが、他の企画の仕事のとき以上に、ＢがＡとまったく関係ない言葉になることが多くなります。Ａがより具体的なテーマになるからです。

例えば、「〝ザクザクした新食感〟が特徴の、新しいチョコレート商品の宣伝方法を考える」がテーマだったとします。Ｂを先ほどのビジネス書企画の例で使用したものと同じにして考えてみると、

A	×	B
新食感チョコレートの宣伝	×	車
		マント
		跳び箱
		コラーゲン
		現代

というような形になります。

ここで、Bにあるワードから、連想ワード「B′」をそれぞれ出してみると、

【B（車）から連想されるB′】

速い、ドライブ、眠気、カーナビ、家族、ラジオ、ナンバー、高速道路

【B（マント）から連想されるB′】

ヒーロー、オシャレ、防寒、風、なびく、赤、闘牛、布、薄い

【B（跳び箱）から連想されるB′】

運動、手をつく、ジャンプ、小学校、積む、番号、競争、体育館

【B（コラーゲン）から連想されるB′】

栄養、美容、ぷるぷる、クラゲ、カクテル、英語、女性

【B（現代）から連想されるB′】

スマホ、ゆとり、温暖化、不況、テクノロジー、IT、SNS、弱い

などのように、イメージを広げることができます。

出てきた「B′」を、Aから展開できる「A′」と組み合わせてアイデアを考えていきます。その前に、Aを深掘りした要素「A′」を連想し、挙げておきましょう。

【A（新食感チョコレートの宣伝）が持つ要素A′】

ザクザク、食感、甘い、にがい、パッケージ、香り、色、体への効能、サイズ、甘いもの好き、食べる場所、安価

では、プロモーションのアイデアをどんどん出していきましょう。

C	＝（A′ × B′）

ドライブ中に目が覚める食感というPR、CMは？　＝（体への効能 × ドライブ）

高速道路のパーキングエリアでサンプルを配ったら？　＝（食べる場所　×　高速道路）

食べるときの音をラジオで流したら？　＝（ザクザク　×　ラジオ）

当選ナンバーを入れて、景品が当たるキャンペーンを実施したら？　＝（安価　×　ナンバー）

ちなみにここまでは、まだ「車」からの連想ワードでつくったアイデアだけです。これ以外にもいくらでもつくることができます。

商品企画だけでなく、このように販促企画を考えるのにもこの方法は応用できますし、キャッチコピーも同様に、どんな切り口で打ち出せばいいかをさまざまな方向から考えることで、つくっていくことができます。

営業においても、どのような販促プランと一緒にお客様に提案すればいいか、どんな切り口のセールストークにすればいいかなど、考え方は販促企画と一緒です。

このように、Bに当てはめるワードを適当に出しても、「A′」「B′」をたくさん出し、組み合わせて連想していくことで、アイデアをいくらでも散らかしていくことができるのです。

【練習問題】

Q．先ほどBとして出した「マント」「跳び箱」「コラーゲン」「現代」から連想したB′を使い、A（新食感チョコレートの宣伝）に対するC（アイデア）を考えてみてください。

基礎研究のアイデアを考える（研究職、技術職など）

商品企画ではなく、将来的に新製品に使う想定で新技術を研究したり、既存商品の性能を上げる方法を研究したりというように「基礎研究」が仕事の方も数多くいらっしゃいます。

このような場合、どのように仕事に活かすアイデアを考えられるでしょうか。これも基本的には同じで、BからB′を広げ、AからA′を深掘りし、組み合わせてアイデアを出すことができます。

例えば、「より効果の高い風邪薬」の基礎研究をしているとして、どのような方向性で研究を進めていけばいいか考えなければならない状況だとします。その場合でも、

A × B

風邪薬の研究 × 車

マント
跳び箱
コラーゲン
現代

【B（車）から連想されるB′】
速い、ドライブ、眠気、カーナビ、家族、ラジオ、ナンバー、高速道路

【B（マント）から連想されるB′】
ヒーロー、オシャレ、防寒、風、なびく、赤、闘牛、布、薄い

【B（跳び箱）から連想されるB′】
運動、手をつく、ジャンプ、小学校、積む、番号、競争、体育館

【B（コラーゲン）から連想されるB′】
栄養、美容、ぷるぷる、クラゲ、カクテル、英語、女性

【B（現代）から連想されるB′】

スマホ、ゆとり、温暖化、不況、テクノロジー、IT、SNS、弱い

というように、「B′」を出していきます。

そして同じように「A′」を展開し、「×」を実行するのです。

【A（より効果の高い風邪薬）が持つ要素A′】

熱、せき、調合、粉末、カプセル、飲む、
開発、価格、形、効果、副作用

C	＝（A′×B′）
攪拌のスピードを速くしたら薬品の性質が変わらないか？	＝（調合×速い）
眠気を誘発する成分を増やす、減らすなどしたら変わらないか？	＝（副作用×眠気）
体温を上げる漢方薬を混ぜたら変わらないか？	＝（熱×防寒）
混合割合を変えたら変わらないか？	＝（調合×番号）

電気を使って何かできないか？ ＝（開発 × クラゲ）
効き方を緩やかにして、長く効くように調整できないか？ ＝（効果 × ゆとり）

このように、いろいろな言葉を連想の触媒にして考えていけば、必ず直面している問題のヒントが出てきます。

これはどんな仕事、どんな作業の問題解決にも役立ちます。どのような方向性で仕事の進め方を変えればいいか、そのヒントを連想していけばいいのです。すべての問題解決は、アイデア出しによって行うことができるのです。

アイデアは働き方も変える

プロモーション、基礎研究と2つの例で説明しましたが、「自分の仕事には、アイデア出しなど関係ないのではないか」と思われる業務内容の方もたくさんいらっしゃることでしょう。基本的にルーチンワークが多い場合などです。

このような場合でも、仕事効率を高めるアイデアや、仕事をラクにするアイデアを考え、業務のやり方を変えていくことは重要です。少しの工夫で、仕事が劇的にラクになったり、生産性が高まったりすることはよくあります。

まずは自分の仕事の悩みや問題を考えましょう。「残業を減らしたい」「人間関係のトラブルを改善したい」「仕事が早く進むようシステム化したい」「経費削減をしたい」「仕事がつまらないので楽しくしてやる気を出したい」など、仕事上の問題はたくさんあるはずです。

ここでは「仕事のスピードを上げ、早く帰れるようにする方法」という問題を設定し、アイデア出しを行ってみましょう。例によって、「A×B」の式をつくっていくと、

A	×	B
仕事速度UP	×	車

マント

跳び箱

コラーゲン

現代

【B（車）から連想されるB′】

速い、ドライブ、眠気、カーナビ、家族、ラジオ、ナンバー、高速道路

【B（マント）から連想されるB′】

ヒーロー、オシャレ、防寒、風、なびく、赤、闘牛、布、薄い

【B（跳び箱）から連想されるB′】

運動、手をつく、ジャンプ、小学校、積む、番号、競争、体育館

【B（コラーゲン）から連想されるB′】

栄養、美容、ぷるぷる、クラゲ、カクテル、英語、女性

【B（現代）から連想されるB′】

スマホ、ゆとり、温暖化、不況、テクノロジー、IT、SNS、弱い

という形になるのはこれまでと同じです。

次に「A′」を出し、「×」で連想を広げていくと、

【A（仕事のスピードを上げ、早く帰れるようにする方法）が持つ要素A′】

実行、整理、段取り、ToDoリスト、集中、パソコン、やる気、残業

C	＝（A′ × B′）
1時間昼寝を導入すれば仕事効率が高まらないか？	＝（集中 × 眠気）
やる気が出るBGMをオフィスで流したら？	＝（やる気 × ラジオ）
3分間でひとつのタスクをこなす訓練をしたら？	＝（実行 × ヒーロー）
残業時間の少なさで競争をするシステムを作ったら？	＝（残業 × 競争）
無料の英会話教室を17時30分から開始したら？	＝（残業 × 英語）
17時30分に入店したらビール無料の飲み屋を会社に作ったら？	＝（残業 × カクテル）
社内のWEBシステムのスピードを改良する提案をしたら？	＝（パソコン × IT）

というように、やはり同じ方法でアイデアをつくっていくことができるのです。

要するに、アイデアを考えたい問題は何であっても、大量の言葉を出して、それを連想の触媒にすることで、頭の中の考え事はどんどん広がり、連鎖して、加速していくのです。

Bがテーマ（A）と無関係に見えても、「もしも組み合わせたらどういうアイデアになるだろう」

と考えるために、「B'」「A'」をたくさん出してアイデアをひねり出し、新しいアイデアをつくることは非常に価値のあることです。また、ひとつのことを思いつき、そこから派生したアイデアがどんどん連想されることもあります。

さらに「A×B」の連想を使うと、仕事に関係がない普段の考え事や、生活や人生の悩みを解決するアイデアも考えられますし、どんな小さな考え事にも応用することができます。

ぜひ、この方法に慣れ、自分の人生を豊かにするアイデアづくりを試してみてください。

【練習問題】

Q.「A×B=C」を使い、「今の仕事をやめて、新たに起業するとしたら、何をするか?」のアイデアを考えてください。

(Aがテーマである「起業」、Cがそのアイデアになります)

さらに連想力を強化するためのヒント

ここまで、連想を使って、アイデアを、質を問わずにたくさん出す方法を説明してきました。後の章では、アイデアをたくさん出した後に、その中からいいアイデアを選び、そのアイデアを実現させる技術を説明していきますが、まずはアイデアを散らかすことです。楽しんで、アイデアをひたすらたくさん出すことを考えましょう。

これまで説明してきた「A×B」でアイデアを大量生産する技術を、自分の連想力を強化することで、さらにレベルアップさせる方法があります。

この章の締めくくりとして、そのヒントをいくつか紹介します。

ブレーキをかけず、とにかく自由に連想する

「アイデアづくりは連想である」と述べてきましたが、ここまでの説明で使った例を見ても、もともとの「B」に当たる言葉に関連し、派生して出てきた言葉を「B′」として出していました。

しかし、「A×B（A′×B′）」のアイデア出しの本質は、何と何を結びつけてもいいし、どのよう

なアイデアが出ても構わないというものです。

つまり、BからB′を生み出すときに、**もとの言葉から連想される言葉を真面目に選び出す必要は実はない**のです。もとの言葉を触媒として、頭にひらめくものが何であってもいいのです。

例えば、「ビール×スマホ」で新しいビール商品を考えようとしたときに、先述した例であれば、スマホから連想されるB′を真面目に出して、それとビールの要素を結びつけようとしていました。

しかし、「スマホ」という言葉は単なる「連想のきっかけ」であって、そこから連想する言葉はスマホとなんら関係なくても構わないのです。「スマホ」と聞いて、パッと頭にひらめいたことをどんどん書き出していき、発想を散らかして、ビールと結びつければいいのです。

「スマホ」を見て、過去にメールで失恋してしまった思い出がよみがえる人がいるかもしれません。芸能人に自分のスマホケースにサインをしてもらったことがあり、その芸能人のことを思い出す人もいるかもしれません。

故障して修理に出しに行ったときに歩いた街のことを思い出すかもしれません。「スマ」という言葉から「スマイル＝笑顔」という言葉が頭に浮かんでしまうかもしれません。なぜなのかまったくわからないけれど、海のことを思い出してしまう人だっているかもしれません。

そうやって、スマホの関連語だけでなく、「スマホ」という言葉をきっかけにして頭に浮かんだものを、なんでもいいから拾っていき、Aと結びつけていくのです。

人間は、**一人ひとりがこれまでの人生で蓄積してきた体験や記憶を持っており、それは一人ひとりまったく違う**ものです。

人間は、それぞれ自分の脳の中での記憶のつながりを元に、毎日いろいろなものを見ては、それと違うことを思いついて妄想し、「あれ、さっきまで何考えてたっけ？」と思ったり、さっきまで考えていたことを完全に忘れてしまったりします。身に覚えがありませんか？

脳が自然にいろいろな考えにワープし、そして前の考えを消していく。このように、自然に考えが飛び続ける「連想」を、意識して捕まえながら、メモを取り、テーマと掛け合わせていく。これをずっとやっているだけで、多種多様なアイデアがどんどん生まれます。

スマホから失恋を想起したら、「失恋を癒すビールはないか？」「恋に落ちるビールはないか？」「苦さが違うビールがないか？」と考えます。

また飛んで、失恋した夜にテレビでやっていたお笑い番組のことを思い出して、「缶にギャグや合コンゲームが書かれたビールはないか？」「飲み口のある缶の天面が顔になっているビールはないか？」「陽気になれるビールはないか？」と、どんどん連想がワープし続けるようにするのです。

このように、発想を散らかすことができるようになると、アイデア出しはさらに加速し、より自分でも想像がつかなかった新しいアイデアが出るようになります。考えたいキーワードに縛られて発想が止まることのないように、自由自在に飛び、考えをワープさせていくことで、アイデアを出し続けることができるようになるのです。

ひとつ注意が必要なのは、このように自由気ままに発想を巡らせる場合、思いついたことが次々にワープし、浮かんでは消えていくという状態になることです。このとき頭にひらめいたものが、とてもいいアイデアの種だったのに、一瞬で頭から消えてしまうということがよく起こります。

これは大変にもったいないことです。**頭に浮かんだことは一期一会の存在であり、放っておくとすぐに消える**と、肝に銘じてください。そして、発想を自由に巡らせるときは、必ずメモ帳やパソコンを目の前に用意して、頭に浮かんだ宝物のようなアイデアの種を、書き留めて逃がさないようにしてください。

例えば移動中などにアイデアを思いついた場合でも、そのアイデアを忘れてしまうことがないように、スマートフォンやメモ帳など、自分が使いやすい道具を決めて、「面白いかも」と思えることが頭に浮かんだら、いつでも記録する癖をつけてください。

私自身は現在、スマートフォンに何でも記録するようにしていますが、ボイスレコーダーを常に持ち歩き、思いついたことをボソボソと声に出して録音していた時期もあります。

とにかく、頭に浮かんだアイデアの種を逃さないために、自分がやりやすい方法でメモを取ることを、必ず実践してください。

また、発想のブレーキを取り払う練習も大切です。

無意味だと思えるようなことが頭の中に浮かんだとき、意識の上でそれにブレーキを掛けてしまうと、思いついたことは瞬時に消えてしまいます。もしかしたらそのことで、貴重なアイデアの種を失ってしまうかもしれないのです。

ブレーキを取り払うことで、連想はどんどん広がっていきます。すぐに記録できるメモツールを手にしながら、「何を思いついてもそれを止めない」ということに集中し、頭の中で限りなく自由に発想を広げるというやり方で、アイデア出しを行ってみることも重要です。

人生にひとつのムダもないと知る

連想は、自分の脳がキーワードを探し、言葉と言葉を結びつけることで行っています。

その結びつけ方、でき上がるアイデアの内容は、自分の脳がつくり出しているものです。自分の脳の中にないものが出てくることはありません。

どういうことかというと、自分の連想力を強化するために、第一に、自分の脳の中の記憶や思考パターンを増やす・変える・面白くするためのインプットが必要だということです。

脳内のネタの引き出しが増えれば増えるほど、いろいろなアイデアを考えられるようになりますし、新しいことを知れば、それまで自分では考えることができなかった、新しいアイデアを連想によってつくることができるようになります。

では、このインプットは、どのようにすればいいのか。

本やテレビ、WEBなどを見て勉強をすればいいのか。行ったことのない場所へ足を運び、さまざまな体験をすればいいのか。いろいろな人と会って話をすればいいのか。

以上のことは実はすべて正解で、新しい物事に触れ、自分の知識や引き出しを増やすことは、とても重要です。毎日、どんな小さなことでもいいので、初体験をひとつずつしていくことは、確実にあなたができる連想のパターンを増やし、変えていきます。

初体験といっても、誰かとひとつ雑談を交わす程度のことでいいのです。テレビや新聞を1分見るだけでいいのです。入ったことのないお店に足を踏み入れるだけでいいのです。それだけであなたは変化します。このことを楽しんでください。

特にオススメなのが、**ただ好きなことをすること**です。

努力家のビジネスマンの中には、それこそ休日も仕事のことを考えて、一生懸命仕事にまつわる情報収集や勉強をし、頑張っている方がたくさんいます。それはとても素晴らしいことなのですが、本当に一番楽しめる趣味の時間を楽しんだり、やりたいことに時間を費やしたりしているときのほうが、人は前向きにいろいろなことを考えられます。

例えば、テレビゲームが趣味だったとします。ゲームを毎日何時間もやるなんてムダなのではないかと思う人がいるかもしれませんが、ゲームには、それを作った人のアイデアが凝縮されており、それに触れるだけで、連想できるアイデアのパターンは増え、「連想力」は自然と高まっていくのです。

小説や映画は、個人的には特にオススメです。自分と違う人生の疑似体験のようなものである物語に触れることは、最も効率よく、自分の連想パターンを増やせる行為です。

私の趣味は「読書」「落語を聞く」「執筆」です。読書や落語は当然、新しい考えや知識、面白いネタを知ることができるため、連想のためのインプットになりますし、執筆は、自分と向き合っていろいろなことを考える行為であるため、過去の思い出が蘇ってきたり、記憶が整理されたりして、それがインプットになります。

さらに言うと、新しい知識や体験を増やすことをしなかったとしても、**人は毎日生きているだけで、アイデア発想力をレベルアップさせていくことができているの**です。たとえ何の趣味もなく、仕事もルーチンワークで、プライベートもダラダラしているという人でも、ただ日々を過ごすだけで、「アイデア製造機」としての自分は進化しているのです。

生きていれば、毎日何かしら新しい体験をし、今まで考えたことのなかった想像や妄想を巡らせます。それだけで、あなたの連想力は上がっていくのです。


それに気がついたのは、私が２００８年に頸肩腕症候群という腕の病気になった経験からでした。痛みが全身に広がり、私は1年以上ほぼ寝たきりの生活を送りました。

そのときは、人生のうちで大変に長い時間を棒に振ってしまったと感じ、非常に悲しみましたが、今振り返ってみると、そのときに記憶したこと、体験したことは、多くの人が知らない自分だけの経験であり、そのときに考えたこと、わかったことは、自分だけの強力な武器になっていると強く思います。

動くことができず、何もできない極限状態だからこそ、頭の中で考えられたことがたくさんありました。

この経験がどんなアイデアを生むかは、この先の楽しみでもありますが、少なくとも私はこれをきっかけに、人々の健康管理に貢献できる商品やサービスを考えたいと思ったり、自分の健康を保つ仕事のしかたをいろいろと考えたりするようになりました。

このように、興味のあることや好きなこと、考えられるアイデアの幅や方向性が、何をきっかけに変わっていくかはわからないのです。

毎日ただ生活をしているだけで、自分の連想パターンは増えていきますが、毎日見たものや起こった出来事に対して、意識的に「面白い」と感じることができればよりよいでしょう。

例えば、雲を見て何かの形に似ているなあと思ったり、新しいことを知って「へぇ」と思ったり、初めて見た物の形に「!」と驚いたり。勉強しよう、などと深く考えないで、いろいろなものをただ面白がるのです。

そうして面白がったことを忘れていっても構いません。どうしても忘れたくないことはメモを取ったり、写真に残したりするのもいいですが、気楽に生きて、一日のすべてを緩やかにインプットする。そんな毎日を送ることをオススメします。

誰でも、一日を生きるだけで、アイデアパーソンとして進化するのです。そう考えると、アイデア発想を趣味にすることができれば、毎日が楽しくなると思いませんか?

誰もが毎日いろいろな妄想を働かせます。それだけであなたのアイデアをつくる力は進化していきます。このことをしっかりと心に刻み、毎日を生きることを楽しんでください。

気がつくと休日が終わっていたとしても、「何もしなかったなあ。もう明日から会社か。嫌だなあ」などと思わずに、「この2日間で自分はどんなアイデアを出せる人間になったんだろう」と、時間を過ごしたことを嬉しく、楽しみに思えるようになれば、あなたは立派なアイデアパーソンです。

ぜひ、その境地を目指してみてください。

第 4 章

「質より量」から最高のアイデアを選ぶ

瞬間決着ゲーム シンペイ

アイデアを大量に出した後の「選び方」

さて、皆さんはここまでで、アイデアの質にこだわらず、くだらないアイデアを出すことが楽しくなり、それができるようになってきた段階に達していると思います。

しかし、もちろんそれで終わりではありません。ここまで、質にこだわらず、アイデアを出しまくるという作業をしてきましたが、最終的には当然、実現すべき、使えるアイデアに到達しなければなりません。**目的は、最高のアイデアを出すことなのです。**

次のステップとして、大量に出したアイデアの中から最高のアイデアを選ぶという作業を行います。

繰り返しになりますが、私の経験上、アイデアを１０００個出せば、必ず1個は最高のアイデアが生まれます。

私は現在、毎週土曜日の朝にパソコンに向かい、先述したＥｘｃｅｌに記入しながら行う「Ａ×Ｂ＝Ｃ」のアイデア出しにより、アイデアを１００個程度考えています。その中から数点について上司に相談したり、企画書を作ったりして、いいと思うものを会議で提案しているのです。

それがボツになったり、あるいは商品化されたりし、さらに商品化されたものは売れたり売れなかったりします。その結果をまとめてみると、ヒットしたり話題になったりと、**成功した商品は1000アイデアのうちひとつという割合になっている**のです。

この割合は入社したときから現在までを振り返ってみても、変わっていませんでした。新入社員時代も、ある程度経験を積んだ現在でも同じ割合なので、やはりいいアイデアは、1000分の1の割合で生まれてくるものなのだと確信しています。

私は、おもちゃ会社に入って念願だった企画の仕事に配属されたにもかかわらず、たくさんの上司に「センスがない」「ほとんど使えないアイデアだ」と言われ続けました。いまだに企画のボツ率は社内一なのではないかと思うほど、企画はたいがいボツになるという、見方によってはダメな企画マンです。

そんな私でも、1000個のアイデアを出せば、必ずそのうちひとつは成功しているわけですから、この割合は誰にでも当てはまる確かなものだと考えています。

しかしそうは言っても、何かの問題に対するアイデアを考えるたびに、毎度毎度1000個ものアイデアを考えるというのは、現実的ではありません。おそらくそんなことができる体力や集中力のある人はいないでしょう。私もそんなことはできません。

しかし、私がこれまでさまざまな講演やワークショップを実施してきた経験上、誰でも、1時間程度あれば100個のアイデアを出すことはできます。

私は、**アイデアを1回に100個考える**ことをアイデア出しの1単位としています。100個のアイデアを土台として、正式な会議などの場で提案するアイデア数個を選び、そのアイデアを「最終候補アイデア」と呼び、会社でどんどん提案するようにしています。

この章では、会社で提案するための「最終候補アイデア」を、自分が質を問わずにたくさん出したアイデアの中から選び出す方法を解説していきます。

「最終候補アイデア」を選ぶプロセスは、以下のような流れになります。

【最終候補アイデアを決める3ステップ】

1. A×B＝Cの公式を用いて、質を問わず、100個のC（アイデア）を出す
2. その中から「理屈」「感性」をもとに、それぞれC（アイデア）を3個ずつ、合計6個の候補アイデアを選ぶ（その段階で、アイデアを改良したり、他のアイデアと組み合わせたり、まったく新しいアイデアを出しても構わない）

３．アイデアパートナーに相談し、会社で提案する3個の最終候補アイデアを決める

詳しく説明していきましょう。

まずは前章で解説した方法で、「Ａ×Ｂ＝Ｃ」の公式を用いて、質を問わず、１００個のＣ（アイデア）を出します。

次に**「理屈」と「感性」を使ったアイデアの選択**という作業を進めていきます。

このアイデアを選択する過程では、１００個のＣ（アイデア）をもう一度眺めて、組み合わせや改良、アレンジを行い、アイデアを追加するという作業も行いながら、いいアイデアを絞り込んでいきます。

これは、リストをざっと眺めて、「あ、このアイデアはこっちのアイデアと合体できるな」とか、「このアイデアにはこんな要素を付加したらもっと面白いな」などと軽く考えて、出てきたアイデアを追加していく程度で構いません。

それを実行しながら、**「理屈」と「感性」**それぞれでアイデアを選ぶということを行います。

具体的に、前章で私が出した「仕事のストレス解消本」のアイデア、約１００個に関して、「理屈」と「感性」それぞれでアイデアを選択してみましょう。

それぞれのアイデアは、以下のような判断基準で選んでいきます。

「理屈」で選ぶアイデア

・過去の事例で似たようなものが成功しているというデータがある
・多数決をすれば、票を多く集めそうだと想像できる
・経験上、上司やクライアントが好きそうな案である
・失敗する可能性が低い
・多くの人が思いつきそうで、成功しそうな「王道」である

「感性」で選ぶアイデア

・自分自身が、そのアイデアが大好きで、絶対やりたいと思う
・提案したら笑いが起きそうだと感じる
・前例がなく、聞いたこともないアイデアで、新しいと感じる
・自分の好きな人がそのアイデアを喜びそうに感じる
・他の人とかぶらなさそうなアイデアだと感じる

前章で出したアイデアの中から、まず「理屈」で3個、以下のビジネス書のアイデアを自分で選んでみました。

1.出世レースをせず、路肩を走る方法

（選んだ理由：最近の調査で、将来会社で出世をしたくないと答える若者が増えているというデータがあったため、そのような人たちをターゲットにすることができると考えられるから）

2.上司を操作する方法

（選んだ理由：会社で上司とうまくやっていくことは、すべてのサラリーマンが望むことであり、ターゲットが広いと考えられるから）

3.信じる力

（選んだ理由：「〇〇力」という本で売れている商品が複数あり、その流れで新しい切り口として商品化できると考えられるから）

「理屈」で選ぶアイデアは、過去に同じような方向性のヒット商品があったり、一定の興味を持ちそうなターゲット層が見えたり、自分が提案する場合、「上司にプレゼンしやすそうだな」「データを集めやすそうだな」という観点から選択します。

次に、「感性」で3個、以下のアイデアを自分で選んでみました。

1．大切なことはすべて小学校が教えてくれた

（選んだ理由：自分がときどき、「小学校時代に戻れたら楽しいだろうな、あの頃はよかったな」と思い返すことがあり、なぜ小学校の頃は何の心配もなく無邪気に、幸せに暮らせていたのかを深く分析すれば、大人でも子供のように心配事がない毎日を送れるのではないかと考えたから）

2．怒っている人をバカにしろ

（選んだ理由：自分は怒られるのが嫌いだが、一番うまい「怒られ方」というのは何か、知りたいと思ったから。その切り口として、今までなかったこのタイトルのようなことが考えられるのではないかと感じたから）

3. 恋のために、仕事を1年休みなさい

（選んだ理由：自分が過去に、恋愛ができないのは仕事が忙しすぎるからだとずっと思っていた時期があり、今思い返すと、もしかしたら仕事と恋愛を両立させることを考えずに、1年くらいは本気で恋愛だけを頑張ってみたら、仕事以上に学べることがあるのではないかと思ったから）

「感性」で選ぶアイデアは、データのことはあまり考えず、自分が「面白い」「新しい」「欲しい」と感じるものを選択します。

もしかしたら似ているものがすでに存在しているかもしれませんが、自然と気持ちがワクワクしてきたアイデアであれば、迷わず選びましょう。仮に似ている競合商品が存在したとしても、アレンジすることでそれを超えるいいアイデアになる「種」になる可能性があるからです。

さて、この後いよいよ、さらにアイデアを絞り込んでいきます。

いいアイデアは一人ではつくれない

通常、提案を通すためには会社の会議にかけることになりますが、その会議に出すための最終候補アイデアを選ぶ最後のプロセスがこれです。

アイデアパートナーに相談し、会社で提案する3個の最終候補アイデアを決める。

アイデアを最終的に絞り込む作業は、**必ず他人と一緒に行います。**自分一人だけでいいアイデアを選ぶことはできません。

なぜなら、一人の人間がいいと思う候補を選んだ場合、それがまったく的はずれな可能性があるからです。

候補アイデアを用意する段階は、一人で行うべきです。そのほうが一人の人間の思い入れや、こだわりが強く入った個性的なアイデアになるからです。しかし、そうやって選び、揃えた候補アイデアから、最終候補アイデアを選び出す作業は、ぜひ他人と一緒に行っていただきたいと思います。

まずは自分が相談しやすく、アイデアの話をしていて楽しい人に、気軽に候補アイデアを見せるのがいいやり方です。このような人、すなわち「アイデアパートナー」を見つけ、確保しておくことを、強くオススメします。

私の場合、「アイデアパートナー」として、企画の候補アイデアを出した後に、それを気兼ねなくすぐに話せる、以下の4人を決めています。

・**「上司」**——とにかく、ズバズバと自分のアイデアに「○」「△」「×」を付けてくれる人。それでいて、相談するのに緊張しない人

・**「社外の人」**——私の場合は玩具のデザイナーの方。とにかく気が合い、話しやすい人。自分が口にしたことをスラスラとスケッチしてくれる人。自分の曖昧な発想を具体的イメージとしてアウトプットしてくれる人が望ましい

・**「異業種の友人」**——お互いのアイデアや悩みを話すことが一番楽しい会話になる相手。一緒に飲みに行くことなどが楽しい人が望ましい

・**「会社の後輩（同期）」**——とにかく自分が話しやすい相手。飲み会などで、自分の気持ちが盛り上がって、思いついたことをどんどん言うことができる相手

以上のように、アイデアパートナーは基本的には「話しやすく、気兼ねなく相談できる人」が条件ですが、一方で、違う感性を持っていて、反対意見でもストレスなくぶつけ合える相手であることも必要です。そのような人と一緒にアイデアを選び、自分と相手が2人とも「よい」と感じたアイデアは、一人で選んだアイデアより、はるかにいいものになります。

私は、アイデアは大勢ではなく、2人で選ぶのが最適だと考えています。

大勢でひとつのアイデア選びをすると、満場一致でひとつのアイデアが選ばれることはなかなか難しく、一番権力を持っている人の鶴の一声で決まったり、多数決になって無難なものに決定されてしまったり、ということが起こりがちです。

2人で選ぶことで、自分の外せない企画の「背骨」はなくさずに、他人の感性を取り入れてアイデアをよりよいものにできる可能性があります。大勢の意見に惑わされて方向性がわからなくなることもなく、非常にいいスタンスでアイデア選びをすることができるのです。

候補アイデアを決めたら、すぐにアイデアパートナーに伝え、気楽に意見交換をしましょう。そして2人ともが「いいね！」となったアイデアを選んで、それを正式な会議などで提案するべく、さらにいい企画として洗練させていき、おおよそまとまったら自分で企画書を作成します。

そうやって、会議などで正式提案するアイデアを選んでいくのですが、もし2人の意見が分かれ

てしまった場合は、

- **2人の平均点が一番高いアイデア**
- **自分が一番いいと思うアイデア**
- **相手が一番いいと思うアイデア**

というように選択するのがいいでしょう。

結局のところ、自分が一番「やりたい！」と胸をときめかせているアイデアがあるならば、そのアイデアの成功確率が一番高くなるので、他人の意見は取り入れつつも、自分の「背骨」はなくさないようにしましょう。

自分が心からやりたいアイデアでなければ、それを実現に向かわせる段階で、前に進む強い力を出せなくなってしまうからです。自分が最後まで押しきれるほど好きなアイデアこそ、最高のアイデアなのです。

また、考えているアイデアが、会社で提案する企画のアイデアではなく、自分で最終決定できるものであったとしたら、アイデアパートナーの意見を聞いた上で、自分で一番いいと思えるアイデアを決定しましょう。複数の候補の間で迷ってしまった場合は、他人の意見も加味して、最終的にはやはり、自分が一番やりたいアイデアを自分の心に正直に聞いてください。

この後は、いよいよ会社で自分のアイデアを通し、実現させるための技術について説明します。

第 5 章

アイデアを通し、実現させる技術

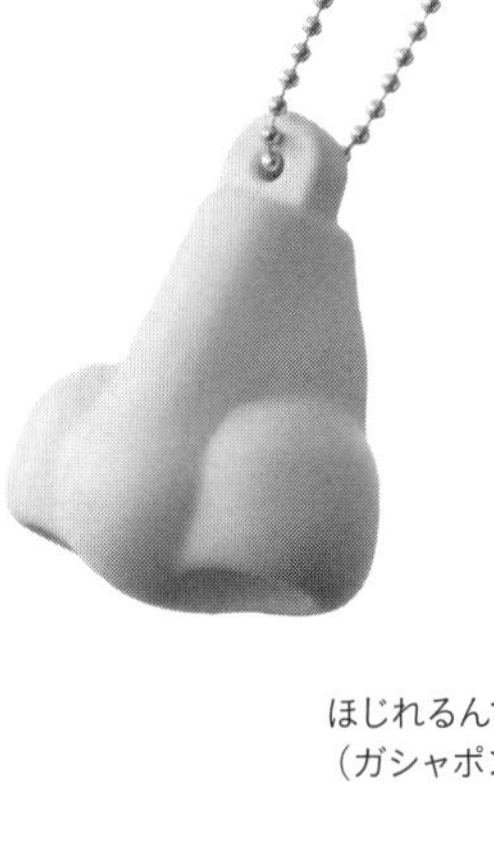

ほじれるんです。
（ガシャポン®）

アイデアの通し方

ここまでで、アイデアを大量生産する段階から、最終候補アイデアを選ぶ段階までを説明してきました。そして最終的に選び出す「最高のアイデア」は、他人と一緒に選ぶことが絶対に必要であるということもお伝えしました。

あなたは今、いいアイデアを見つけ、それを実現したい気持ちも自分の中で非常に高まっている状態をつくり出しています。問題はここからです。

自分一人でそのアイデアを実行することを決めて、行動することができる場合もありますが、たいていの場合、会社などの組織のメンバーや、クライアントに、自分の最高のアイデアを実現することを承認してもらわなければなりません。この最後の壁を突破できず、アイデアが単なる妄想で終わってしまうということが、日常茶飯事のはずです。

ここで大切なことを言いますが、

アイデアは、実現しなければ意味がありません。

どんなにいいアイデアを思いつき、わくわくするような感情を持てていたとしても、それが絵空事で終わったのでは、寂しすぎます。無意味とは言いませんが、実現してこそ、それが現実の中ではじめて「いいアイデア」になるのです。

しかし、あなたが考えたアイデアを、会社の費用や周囲の人々の力を巻き込んで現実のものにするためには、非常に高いエネルギーが必要で、もしかしたら「運」も必要になるかもしれません。

それでも、それがいいアイデアであるならば、自分以外の誰かも、そのアイデアのおかげで楽しくなったり、便利になったり、助けられたりします。それがたとえ世界に数人だけだとしても、必ずいい影響を受ける人はいて、その人の世界は変わるのです。そのためにあなたはアイデアをつくり、実現させるのです。

とはいえ、現実的な話に戻ると、アイデアはすんなりとは通りません。

一生懸命考えて資料などを準備したアイデアであっても、あっさりボツになったり、ときには「ふざけるな！」と叱られたり、嘲笑されたりします。

そんな中で、アイデアを実現へ向けて「通す」秘訣は、はっきり言ってしまうとテクニックです。情熱とともに叫んでも、通らないものは通らない。それを、たとえ成功する裏付けが見えなくても、通すテクニックはいくらでもあります。

私は、おもちゃ会社に入社して10年、一貫してノンキャラクターのバラエティ玩具の企画開発に携わってきました。主幹事業であるアニメキャラクターの商品と並んで、わけのわからない変な商品を出し続けてきました。

大ヒット商品である「∞プチプチ」も、何度もボツになりかけて、辛うじて社内で生き残り、発売することを認められ、世の中で多くの人に受け入れられたアイデアです。

∞プチプチは、会社から見たら、前例も成功を裏付けるデータもなく、売れるかどうかまったくわからない企画だったわけです。これを通すためにどうしようかと、相当な作戦を練りました。他の商品に関しても、あの手この手で企画を通してきました。

もちろん、ボツになったアイデアのほうが圧倒的に多いので、自慢できることではないかもしれませんが、いくつかの商品を実際に形にし、たくさんの人たちの手に届けることで、私という一人の人間は、世界をほんの少しだけ変えてきたのです。

ここから、私がどうやって、自分のやりたい企画を社内で通しているかの実例も含め、アイデアの通し方をお伝えしていきたいと思います。

アイデアを通す3つのポイントは、

1. 通らないものは通らない
2. 通るものはさらっと通る
3. 本気で通したいものは、いくらでも通す方法がある

です。これらを理解し、「通すべきアイデアをうまく通す」ことが重要になります。
それでは、3つのポイントを詳しく解説していきましょう。

通らないものは通らない

第一にお伝えしたいのは、**アイデアは基本的にボツになるものである**、ということです。これを覚えておいていただきたいと思います。

一生懸命考えて、「これはイケる！」と自分の胸をときめかせ、満を持して提案したアイデアが一瞬でボツにされる。こんなことがあったら当然ショックです。しかし、**これを一切気にしてはいけません。**

「いやいや、ショックを受けて当たり前だろう！」「反省してどこがダメだったか分析して、新しい企画に反映していかないと」などと思われるかもしれませんが、そもそも、この本で散々お伝えしてきたとおり、アイデアは無限に生み出すことができ、尽きることがないものなのです。

それを皆さんは、ここまでで充分に理解してくださったはずです。提案してボツにされたアイデアがあったら、また別のアイデアをサクッとつくればいいのです。

そもそも、なぜアイデアがボツになるのか。

それは、実行する事業を決める立場に当たる上司などの判断者は、役割として、アイデアの「門番」にならなければいけないからです。いろいろな人から上がってくるアイデアを、全部優しくすんなりとOKしていたら、上司の必要性がなくなってしまいます。

もちろんアイデアをつぶすことが仕事というわけではありませんが、損を出させないようにすることが判断者の役割。上司は、本当にいいアイデアを選び出すために、ネガティブ・シミュレーションをすることも責任として持っているのです。アイデアがすんなり通らないのも当たり前です。

しかし、すべてのアイデアを何もかもストップしていたのでは、何も始まらず、仕事をつくることができないわけですから、いいアイデアは必ず通ります。通らなかったアイデアは、あなたの心の中では盛り上がっていたかもしれませんが、**上司の心を動かせなかった時点で、そこまでいいアイデアではなかったのです。**

アイデアはいくらでも出せるのです。だからボツになったアイデアをもったいないと考えている暇があったら、次のアイデアを楽しんで考えましょう。

しかし、そうは言っても「イケると思っているアイデアを、そんなに簡単に捨てられない」という方も多いと思います。

私にも同様の経験がありました。「もしもそのアイデアを他社に先にやられてしまったらどうするんだ！」という焦りも感じました。しかし今では、「会社でボツにされたアイデアなんて、大したアイデアではない」と思えるようになりました。

ただし、それはあくまで、提案したタイミングで判断した限りにおいてはいいアイデアではなかった、ということです。

1年たてば、身の回りの状況は何もかも変わります。世の中で流行っているもの、市場で売れているもの、競合の状況などなど。また、会社の方針が変わったり、自分の担当が変わったりする可能性もあります。そうなったとき、**あなたのボツアイデアも、一転していいアイデアへと変わる可能性がある**のです。

私も実際に、入社して間もない頃に出していたキーチェーン玩具の企画が、3年後にすんなりと通り、発売に至ったことがありました。入社当時の玩具市場のトレンドから見るとボツアイデアだったのですが、∞プチプチがヒットしたこともあり、3年後には、キーチェーン玩具の売場が各店舗で拡大され、売れ筋のジャンルになっていたのです。

自分がイケると思っているアイデアにこだわり続けるのは、悪いことではないかもしれませんが、個人的にはオススメしません。

しかし、一度自分の心をときめかせたアイデアは、ボツになってもその場で捨てたりせず、必ずストックしておいてください。そして、そのアイデアを忘れることなく、いつか実現させるべき最高のタイミングを待ってください。

もしかしたら他人に先にそのアイデアを実現されてしまうかもしれませんが、他人も同じことを思いつき、あっさりとやられてしまうようなアイデアは、残念ながらそれほどいいアイデアではありません。自分にしかつくれない、自分にしか実現できないアイデアこそ最高のアイデアだと、私は思います。

難しいかもしれませんが、アイデアを気楽に楽しく考え続けていれば、自分の個性がにじみ出るような、世界で自分にしかできないアイデアが必ず生まれます。

アイデアはいつ実現しても構わないと考えましょう。

通るものはさらっと通る

自分のアイデアを会社の会議や、クライアントに対するプレゼンなどで通そうとするとき、たいていの場合、すんなりとは通りません。

ビジネスの場において、アイデアを通し、実行する承認を得ることは大変なことだからです。そこで予算が発生しますし、出てきたアイデアに対して、判断する側は必ず、いろいろな側面からそのアイデアを見て熟考することでしょう。

しかしたいていの場合、**ほんとうにいいアイデアであれば、理屈よりも先に「面白い！」という感覚が湧き起こり、「いいね！　やりたい」という感情が判断者の頭に浮かびます。**いくら冷静に、多角的に判断しようとしても、人間は、見た瞬間に面白いと感じたものには逆らうことができません。

言い方を変えると、ファーストインプレッションでそのくらい「面白い」と感じさせられるアイデアでなければ、いいアイデアとは言えないのです。

商品企画にしろ、エンタメ作品にしろ、キャッチコピーにしろ、勝負は一瞬です。

世の中では気の遠くなるような数の新しいものが毎日生まれ、情報が発信されています。その中で人は、たくさんの情報を流し読みしています。引っかかるのは、インパクトがあり、「なるほど！」「やられた！」「面白い！」「欲しい！」という感覚が一瞬で湧き起こるようなアイデアです。

そのようなアイデアが見つかるまで、飽きずにアイデアを出し続けなければなりません。ハードルが高いように聞こえるかもしれませんが、そんなことはありません。ここまで説明してきたように、ダメなアイデアから考え始め、楽しんで考え、自分で少しでもピンと来たものを、試しに信頼できる他人に話してみて、一瞬の反応を見ればいいのです。

愛想笑いで「いいね」と言っているか、心の底から「いいね！」と反応しているか、人はすぐわかるものです。いい反応が得られるまで、いろいろなアイデアを他人に打ち込んでみればいいのです。

何人かが皆「いいね！」となるアイデアに出合えたら、そのアイデアは正式なプレゼンの場でも、さらっと通る可能性が高くなります。そして、**さらっと通るアイデアはたいてい成功します。**それだけ人の心にさらっと入り込むからです。

ぜひ、そんなアイデアに出合えるまで、アイデアをいろいろと出し続けましょう。自分では「くだらない」「自信がない」「単純すぎる」と思うアイデアが、意外とさらっと通ることもあります。

一方で、さらっと通らないアイデアはダメかといえば、そうでもありません。

「∞プチプチ」を社内でプレゼンしたときも、最初のプレゼンではチーム内で反対され、2回目にマネージャーに反対され、会議の場でも反対意見が出て、それでも最終的にはヒット商品にすることができました。言わばこのアイデアは、さらっと通らなかったアイデアの例です。

しかしこれに関して言うと、私自身が、このアイデアをどうしても、どうしてもやりたいという意志を強く持っていたことが成功要因でした。

いいアイデアを思いついたと感じた場合でも、社内で反対されたり、「裏付けとなるデータを調べろ」「コストをもっと下げろ」などと難しい課題を条件として提示されたりして、自分の燃えていた気持ちが少し冷めてしまったり、頑張りきれなくなって一歩引いてしまったりすることがよくあります。

その時点で、そのアイデアは、そこまでいいアイデアではなかったと、自分で認めたことになります。しかしこれは心の弱さでも何でもなく、アイデアのよさのレベルを自分が一番よく知っているということなのです。そのアイデアに対する自分の正直な評価が、気持ちや行動に現れるのです。この感覚は非常に大切です。

自分が心から実現したいと思うことは、自然と前に進んでいくものなのです。例えば、心から強く解決したいと思う問題が起きたり、叶えたい夢ができたりした場合、おそらくそれに対する行動のアイデアは自然と頭に浮かび、心から離れなくなり、自分は勝手に動き出すでしょう。そのようなアイデアこそ、最高のアイデアなのです。

自分を止められなくなるほどのアイデアであれば、それに共感する人は必ず数多く存在し、後押ししてくれる人はどんどん現れ、必ずうまくいきます。

通すことがまったく苦にならないようなアイデアに出合うまで、飽きることなく、かつ楽しんで、妄想し続けることが、アイデアを実現する最適な方法なのです。

本気で通したいものは、いくらでも通す方法がある

アイデアを通すには、いろいろなテクニックがあります。本当に通したいならば、テクニックを使わなければいけない場面もあります。ここでは、私が普段からよく使うテクニックを紹介します。

まず、自分が実現させたいアイデアを提案する際には、そのアイデア一本で提案するのではなく、必ず**複数案を提案し、その中から自分が通したいアイデアを通せるよう誘導する**というやり方がいいでしょう。

かつ、その場合に重要なのが**「自分の希望を、上司などのキーパーソンの口から言わせる」**というテクニックです。

そもそも、なぜ自分の提案や、やりたいことは、往々にして上司に止められるのでしょうか。

それは、上司という役割には、部下の提案に意見するという責任があるからです。部下が「○○をやりたい」と言ったときに、何も言わないのでは上司としての役割は務まっていません。仮に部下の提案が100点に近いものだったとしても、意見や追加のアドバイスをするのが上司なのです。

それが責任だからです。上司が意地悪だからではないのです。

そこで、「上司のアドバイス＝自分がやりたい方向性」となるようにプレゼンを行い、上司が自分と同じ考えのことをアドバイスした形になれば、堂々とやりたいことができます。

私はあえて、**皆まで言わないプレゼン**をするようにしています。上司が意見できる隙を残しておくのです。つまり、1回目のプレゼンでは、ツッコミどころのある惜しいアイデアをわざとプレゼンし、2回目で自分の希望を勝ち取るという作戦をとるのです。

一例として、商品のパッケージデザインを上司に相談する場合、次のような提案の仕方をすることがあります。

候補を3案つくる

・「**A案**」――通したいデザイン案から、入れたい要素を外したもの。例えばキャッチコピーだけ、チャレンジしてみたい面白いキャッチコピーではなく、無難なものにし、商品カットも何か物足りないものにするなど

・「**B案**」――A案とは別のデザイン案に、A案に入れたい要素を入れておく

・「**C案**」――A案に方向性が近い、少しセンスを悪くした捨て案

（自分が通したい本命は、Ａ案のデザインにＢ案のキャッチコピーを載せたもの）

このように3案を準備し、以下のような流れでプレゼンをするのです。

「新商品のパッケージ案を3案つくってみました。私はA案でいきたいと思っていますが、デザイナーからはB案をオススメされており、私も少し迷っています。ご意見、アドバイスを頂戴できますでしょうか」

そうすると、3つのデザイン案を見た、判断する役の上司側の思考は、例えばこんな流れになります。

「部下が、A案がいいと言っている。C案よりはA案がいいから、考えた上でA案がいいという結論になっているのだろう。しかし、もっとよくする方法をアドバイスしてあげたほうがいいな。B案は斬新すぎる気もするが、デザイナーが薦めている案でもある。このくらいチャレンジしたほうがいいのかもしれない。写真はアングルを変えたほうがいいな……」

こうなると「A案にB案のような要素を付加してはどうだろう」という感じで、A案とB案のいいとこ取りという発想が生まれてきます。さらには、見つけやすい物足りなさに対して上司はアドバイスをしたくなるものなのです。

こうして、もしもズバリ自分が一番やりたいアイデアと同じ答えが上司の口から出たら、「なるほど！　それはいいですね！　そうしましょう。ありがとうございます！」と言って、方向性は決まります。

ポイントは、本命を通すために最低3案を用意し、

- **本命のA案にわかりやすいツッコミどころを入れておく**
- **B案に、本当はA案に入れたいポイントを入れておき、相談する**
- **捨て案として、比べると多少見劣りするC案を入れる**

というような形にすることです。

比較対象を用意して本命のほうがいいと理解させつつ、アドバイスする余地を置いておくのです。そして方向性を上司のアイデアとして固めさせ、すぐに本命案としてまとめ、「課長のおかげでよりよいものができました。ありがとうございます」とするのです。

これがもし、最初から自分の中で完璧だと思う案をつくってプレゼンをしたのなら、ほとんどの場合、反対意見がいくつも出てきます。いきなり100点が出ることはほとんどないのです。

悪い意味ではなく、それが管理者としての責任です。未熟な私でさえ後輩には、何かしらアドバ

イスをしたくなってしまいます。人間は皆、アドバイスが好きな生き物なのです。

ただし、こんなふうにうまくいかない場合も当然多くあります。例えば、

・すんなりA案がいいとなったら……

↓　**私は、B案のキャッチコピーもいいのではないかと迷っているのですが、いかがでしょう？と本音で聞いてみる**

・C案がいいとなったら……

↓　**C案にA案、B案の要素を入れてよりよくできないか考えてみる**

・全部ピンと来ない、となったら……

↓　**どうすればいいかヒントをもらい、自分のやりたいことを完全には捨てず、まとめてみる**

など、上司と一緒にゴールを目指すのです。

事実、自分の本命アイデアではなく、代案が通る形になったとしても、大成功だと私は思います。一番いいアイデアが生まれることが最良の結果なのです。

もし本命アイデアが通らなかったとしても、それは通すべきタイミングを別の機会に再度見計らえばいいのです。

自分のアイデアで圧倒する、勝つ、という意識ではいけません。腹を割って、弱みを見せて、アドバイスをもらうのです。

ただし、まとめ直しての2回目のプレゼンでは、前回こういう考えになったから、こうしたいという意志をはっきり伝え、方向性を決定づけるようにしましょう。数人の上司の意見が入り乱れて、堂々巡りになることは多々ありますので、2回目は自分の意志を強くまっすぐに伝えてください。

「このような流れは、ウソで、駆け引きではないか」と思われるかもしれませんが、ウソではありません。話し方のプロセスです。自分が最終的にやりたいことは本音であり、それに共感してもらうための流れなのです。曖昧なまま迷いながら、上司と一緒に物事を決めていくのです。

アドバイスの性質は、上司の性格によって変わってきますので、口説き落としたい上司の性格を見極めて対策を考えてください。一回は反対したい上司に対しては、2択でプレゼンをし、通したくないほうを本命と言ってみることもありなのではないかと思います。

どうすれば自分の希望になるか、いろいろとプレゼンの仕方を試してみてください。そして必ず、最後の答えは上司から引き出すようにします。そうすることで、その案に対して上司にも満足感を持ってもらうことができ、そのプロジェクトをより応援してもらえるようにもなります。

言い換えると、**上司のツッコミ力を自分のやりたい仕事の推進力に変える**のです。

逆風になるようにしてはいけません。そのために、**思わずツッコミたくなるような明快なボケ（隙）を入れるのです。**ツッコミは、ハマると気持ちいいものです。ツッコんだほうもツッコまれたほうも幸せになります。この形をいかにつくるかがプレゼン成功の鍵です。厳しい上司とお笑いコンビのようになることを目指せばいいのです。

以上、アイデアの通し方についてお伝えしてきましたが、結局は、**本気で通したいと思えるアイデアをつくれるか**どうかです。

まずは、アイデアの通し方のテクニックの前に、そのアイデアを本当に通したいかどうかを見直してみることが重要です。通らないほうがいいアイデアも、結構あるものです。

そして、心の底から実現したいアイデアは、そのときでなくても、いつかは実現できます。時間がたって情熱が薄れるアイデアは、それほどいいアイデアではありません。

ぜひ、何年かかっても絶対にやりたいアイデアに出合えるまで、アイデアを出し続けてみてください。それが見つかったときには、アイデアは自然と実現できるものなのです。

第 6 章

アイデアを出し続ける頭のつくり方

5秒スタジアム

いかにボツネタを楽しめるか

この最後の章では、アイデアを出し続けるために、どのようなスタンスで生活をしていけばいいかをお話しします。この部分が、実は最も大切な部分であり、私がこの本で最も伝えたいことでもあります。

ここまで、アイデアのつくり方に関してひと通りの説明をしてきましたが、結局、これらを実現できるかどうかは、いかにアイデア出しを「ラクに」「楽しんで」「続けて」やりたくなるかにかかっています。

「アイデアを出すのが億劫だ」「楽しくない」と思っているうちは、理屈がわかっても、アイデアパーソンになることはできません。ここでは、どうすればアイデア出しを趣味と呼べるくらい好きになり、楽しんで続けられるようになるかを、私自身の例も含めて解説していきます。

第一に、アイデアパーソンとしての理想は、たくさんのアイデアを考える中で出てきた、**使えないアイデア、くだらないアイデア、ダメなアイデアを楽しむことができるようになる**ことです。

アイデア出しが億劫になってしまう最大の原因は、いいアイデアが出ずに、「何も思いつかない。苦しい。自分はダメだ」などと思ってしまうことです。

会社などで与えられた課題に対するいいアイデアが全然出ない。どうせいつものように否定されるのだろうと想像し、憂鬱になる。否定されることを恐れる。そうなってしまう方は多いと思います。私も長い間、そのような時期を経験したことがあります。

現在、私は「自分はアイデアパーソンである」とはっきり言うことができますが、その理由はただひとつで、**自分が考えたボツアイデアを楽しむことができる**からなのです。

先述したように、私は正直言って、アイデアのセンスが特によいわけでもなく、会社ではほとんどの提案がボツになるという10年間を送ってきました。それなのにアイデア出しが好きで、そして実際に「∞プチプチ」などのヒット商品を生み出すことができました。

それは、ボツになったアイデアも、ちゃんと記録し、自分のコレクションにしているからです。自分という人間は、いったいこれからどんなアイデアを思いつくのだろう、ということに興味を持ち、楽しんでいるのです。

これができることが、**私のたったひとつの才能**です。アイデアセンスではありません。ボツアイデアを誇りに思い、宝物だと思い、それが貯まっていくことがうれしくて仕方ない、と思ってしまうことが、才能なのです。

たとえて言うなら、自分がミュージシャンで、自分の曲がどんどん増えていくような、そんな感覚でアイデアを考えています。「自分の作品がまたひとつ増えた」「今までの人生で思いついたことがなかったことを思いつくことができた」ということに、この上ない喜びを感じるのです。

私は会社で散々企画をボツにしてきました。長い期間まったく商品を作ることができず、売り上げをつくることができなかった、ということが何度もありました。

それでもヒット商品をいくつも作ることができたのは、提案したアイデアの数が多かったからです。単純にそれだけのことなのです。**ボツ率が高くても、提案した企画が多ければ、その中で当たる企画の数も多くなります。**結局はアイデアの数を増やせば、打率は低かったとしても、必ずヒットする数は多くなるのです。これは誰にでも当てはまることです。

また、私は長年、会社で企画がボツになるという経験を繰り返すあまり、それに対するショックもあまり感じないようになってきました。

私は気が弱い性格で、心配症なのですが、なぜか企画がボツになることに関してだけはショックを感じないのです。それは、10年間の経験で、アイデアを出し続ければいずれ当たることを完全に信じられるようになったからです。

アイデアは、ボツになる場合のほうが圧倒的に多いのです。ボツになったとしても、それは判断者である上司が「そのアイデアはよくない。もっといいアイデアがある」と伝えているだけで、そのアイデアを提案したこと自体が悪いわけではありません。自分より経験のある上司は、あなたのアイデアを修正し、よりよいアイデアに進化させようとしてくれているととらえてみましょう。

どんなアイデアだって、提案することが罪であるアイデアなどあるわけがありません。もし自分のアイデアを否定されたら、そのアイデアのどこが欠点であったかを真摯に受け止め、自分の経験、糧にします。そして、もしアイデアを出したこと自体を否定してくる人がいても、心の中で「どうせあなたにはこのアイデアは出せなかっただろう」とでも思っておきます。

場合によっては、判断者である上司や周囲のメンバーと考え方が合わないこともあると思います。もしも、いろいろな方法で何度アイデアを提案しても、周囲からNGを出され続けるような状況にある場合は、通らなかったアイデアをすべて将来のために貯めておけばいいのです。

数年後には、あなたのアイデアが環境とリンクするときが必ずやってきます。同じアイデアは、何度提案しても構わないのです。タイミングを改めることも重要です。

本当にいいアイデアであれば、自分も周囲も、それを止めることなどできなくなるはずですし、自分にしか実行できないはずです。そのような最高のアイデアに出合えるまで、楽しくボツネタを出し続けられる人が、真のアイデアパーソンなのです。

どんなボツアイデアにも、1個1万円の価値がある

私の商品開発の経験をまとめ、出したアイデアの総数と、そこからつくることができた売上金額をおおよそ計算してみました。

すると、1000個のアイデアを出せば、そのうち数個が形になり、ヒットする、しないを含めても、平均しておおよそ1000万円の利益を生むような割合になっていました。

もちろん自分一人で出す利益ではありませんが、その一端を担う形で、アイデアがお金になっています。1000個のアイデアのうち、995個は完全にボツになり、1円にもならないにもかかわらず、です。

あなたが何でもいいからアイデアを考えることは、それだけで価値であり、お金をつくっているのと同じことになる。つまり、**1アイデアの価値はだいたい1万円**なのです。それがどんなにくだらないアイデアでも、です。

金額は人それぞれ違うかもしれませんし、お金で測りにくい価値を生むアイデアもあるでしょう。

しかし、どんな種類のアイデアでも、ボツアイデアをひとつ考えるだけで、それは確実に成功につ

ながっているのです。何かをよくするアイデアならば、それは回りまわって金銭的価値につながります。

役に立たないアイデアでも、そのアイデアを元にしたり、踏み台にしたりして、よいアイデアは生まれます。だから、私たちはまずダメなアイデアから、今すぐ考え始めればいいのです。

まずは今すぐ、30個のアイデアを出して、30万円の価値を稼いだと感じてみてください。そこから、あなたのアイデア出しへの意識は変わり始め、ダメなアイデアを出すことをムダだと思わなくなり、楽しめるようになってきます。

ダメアイデア日記をつける

「使えないアイデアからどんどん考える」というスタンスでアイデア出しを行うとしても、その作業を日々継続することは難しいと思います。ダメなアイデアでいいと言われても、それを考えることが楽しくなければ、その作業は継続できません。

何度も言いますが、ラクな気持ちでアイデアを出すことが重要です。

私自身は、アイデア出しを楽しんでやり続けるために、アイデア出しを完全な趣味と考えるようにしています。そのために「ダメアイデア集を記録し続ける」ということを行っています。

私は、アイデアのレベルは大きく以下の4つに分けられると考えています。

- **最高のアイデア**
- **いいかもしれないアイデア**
- **ボツアイデアだけど、仕事の財産**

・仕事とは無関係で、考えようともしていなかったゴミのようなアイデア

この4番目にあたるゴミのようなアイデアを、スケッチとともに記録し、笑いのネタとして日記につけ、人に見せ、リアクションを楽しんでいるのです。

もちろん、将来自分のビジネスのヒントになりそうなアイデアは、誰にも見せずに財産として大切に取っておきますが、仕事のアイデアを考えているうちにこんなおバカなことを思いついてしまった、というのを積極的に人に話すのです。これがモチベーションになります。

もしも真面目にアイデアを考えていて、それなのに、まったく使えないゴミのようなアイデアしか浮かんでこず、それが一人きりの作業になってしまうと、とてもツラくなります。

自分はアイデア力がない、ダメだ、などと考えて行き詰まり、結局は考えることをやめてしまう。

しかし、この次々と浮かんでくるゴミのようなアイデアを楽しみにしていたら、アイデアを考えることが一転して「趣味」になります。

私はブログで、本業のアイデアを考えている最中に浮かんだ、何の役にも立たないアイデアを捨てずに日記としてつけています。会社でも提出できなければ、自分でも意味すらよくわからない、だけど笑えるアイデア。それらをブログやツイッターに掲載し、楽しんでいます。

ブログを楽しんでくださっている人もたくさんいますし、これを自分の楽しみにすることで、私

はアイデアを考えることが好きになっているのです。

ソーシャルメディアには、仕事に関わる大切な情報は書いてはいけません。このことには細心の注意を払わなければなりません。しかし日記をつけるように、仕事に関係ない、思いついてしまったゴミのようなアイデアを書き、それに対して誰かが「面白い」とリアクションを返してくれたら、「自分は面白いことが思いつけるんだ」という自信になります。

それがアイデアパーソンになる近道となり、自然にアイデアを考え始めるようになっていくのです。そしてそうなることが、一番ラクにアイデアを出せる方法なのです。

勝手にアイデアの材料が集まってくる仕組みをつくる

アイデアは「A×B＝C」でつくる、ということをお話ししてきましたが、Bに何を入れるか、そして何を連想し、「×」でどう組み合わせるか、という作業は、自分の頭の中にある記憶を材料として行われます。

言い換えると、**頭の中にある記憶や考え方のパターンにないことは、考えることはできません。**

そのため、新しいアイデアを出し続けるためには、自分の頭の中の情報を常に更新していかなければならないのです。これは第3章の最後で「連想力を強化するヒント」として説明したとおりです。

例えばニュースで、ある会社の新製品の情報を知ったとします。そのアイデアが、今までの自分では思いつくことができなかったような面白いもので、「こんなアイデアがあったのか！」と感銘を受けます。そうすると、頭の中に、そのアイデアに関する記憶がインプットされ、次に自分が別のアイデアを考えるときの材料になるのです。

また、このようにして得た情報が、即、ほとんどそのままの形で自分が考えたいアイデアに応用できる場合も少なくありません。そのまま真似をするわけではありませんが、先述したように、アイデアとは既存の要素のアレンジです。世の中のアイデアはすべて、他の何かを参考にしていると言っても過言ではありません。

これは悪いことでも何でもありません。人は知らず知らずのうちにでも、何かを参考にして自分のアイデアを考えています。必ずそうなのです。

知らず知らずのうちかもしれませんが、すべてのアイデアは、これまで説明してきたように、頭の中で「A×B」という考え方でつくられています。即ち、既存のアイデアを一歩ずらしたようなアイデアになっているのです。

だから、新しいアイデアを考え続けるためには、他人が考えたアイデアや、世の中にある今まで知らなかったものの記憶を、自分の頭の中にインプットし続けなければならないのです。

この「インプットし続ける」ということは、意識してやっていこうとすると、なかなか難しいものです。「毎日勉強しよう」「街へ出かけて市場調査をしよう」と考えていても、忙しい日々の中でそれを続けるのは難しいでしょう。

ここで、参考までに、私が苦しまずに毎日アイデアの材料となるインプットをどのように続けているかを紹介したいと思います。

自分だけの「ネタ新聞」を作る

私は、自分が欲しい、新しい情報を読めるように、WEBの「RSSリーダー」を使って毎朝の通勤時間に新しい情報をインプットしています。RSSリーダーとは、簡単に言うと、登録したニュースサイトやブログの新着記事の見出しを一覧で表示してくれるサイトのことです。

RSSリーダーにはいくつかありますが、私は「My Yahoo!」というサービスを使い、新着記事を読みたいサイトを登録して、毎日更新される記事をiPadを使って読んでいます。

登録してあるサイトは、新製品情報のサイト、面白い切り口のニュースを集めたサイト、個人的趣味に関連するサイトです。自分の職業柄、必要としている情報が載るサイトを登録しておけば、欲しい情報が効率よく手に入ります。

ここでポイントとしたいのは、無理をしなくても、毎日続けて情報を集められる習慣のつくり方です。毎日情報を集め続けるのは大変なことです。飽きてしまうこともあるでしょうし、忙しくて情報収集に気が回らなくなることもあるでしょう。

コツは、仕事と関係がなくても、個人的趣味に関連するサイトも必ず登録しておくことです。そうすることで、毎日自然にＲＳＳリーダーを開く気になり、自然と仕事の情報収集のためのサイトも見ることができます。

また、あまりサイトを登録しすぎないことも大切です。情報をたくさん仕入れようと欲張りすぎて、たくさんの記事を読もうとしすぎると、疲れて続けられなくなってしまうからです。

個人的には、10サイト程度にとどめておくことをオススメします。登録しているもので、最近あまり読んでいないなと感じるサイトが出てきたら、登録解除して別のサイトを探すなど、自分の「ネタ新聞」の内容を改廃し続けていくといいと思います。

「人はだれでも○○だノート」を作る

私は、商品企画のアイデアを考える際に役立てられるネタ帳として「人はだれでも○○だノート」というものを作り、持ち歩いています。おそらくこのノートは、商品企画に限らず、あらゆる企画や問題解決に役立てられるネタ帳なのではないかと考えています。

人間は一人ひとり違う考えや好みを持ち、そのタイプは千差万別ですが、すべての人に共通する事柄というものは多数存在します。厳密にはすべての人間ではないかもしれませんが、ほとんどの人が持つ普遍的な共通点は実にたくさん存在します。

これが「人はだれでも○○だ」のコンセプトです。

例えば、基本的なところからいくと、「楽しみたい」「笑いたい」「認められたい」「健康でいたい」「苦しみを取り除きたい」「好かれたい」「恋愛したい」「お金が欲しい」などなど。たいていの人は、幸せな感情を持ちたいという気持ちを持っているでしょう。

これらの欲求は、もう少し掘り下げることができます。例えば、先に挙げた例のひとつである「認められたい」を具体的な例に落とし込んでいくと、

・仕事で成功したい
・上司に褒められたい
・親を喜ばせたい
・好きな異性に好意を持たれたい
・人気者になりたい
・ブログの読者を増やしたい
・出世したい
・周りに遅れを取りたくない
・有名になりたい
・人を笑わせたい
・個性的だと言われたい
・カワイイ、カッコイイと言われたい
・服、髪型を褒められたい

いくらでもあります。

しかし、このくらいの細分化ではまだまだ漠然としすぎています。そこで「人はだれでも○○だ」リストを、さらに細かい項目に分けて、ノートに思いついただけメモしていくのです。

そしてその項目は、細かければ細かいほど、具体的なアイデアに落とし込みたくなります。例えば、先ほどの例のいくつかを、さらに細かく言うと、

・フェイスブックで「いいね！」を押してもらえる写真が撮りたい
・人を笑わせるアドリブをすぐに思いつけるようになりたい
・美容院で、自分に一番似合う髪型を的確にオーダーしたい
・ブログネタが尽きないように、毎日情報が欲しい
・怠けずに仕事のスキルアップの勉強を続けられる性格になりたい

などというような感じになります。

人が誰でも考えるような普遍的欲求を、このくらい細かい説明で書き連ねていくと、その欲求を満たすアイデアを考えれば、それはニーズのあるアイデアになります。「必要は発明の母」という言葉がありますが、「欲求はアイデアの母」といった感じでしょうか。

まずは、自分自身が欲しい物、叶えたいこと、やりたいことを思いつくだけ書き連ねてみましょう。その中には、おそらく大多数の人間が同じことを考えそうな項目がたくさんあるはずです。

次に、仮説として、自分にあまり強く当てはまらなくても、周囲で流行っているものや売れているものを見て、なぜそれが受け入れられているかを一言で言い表します。その理由は「人はだれでも○○だから」という言い方で、メモに加えましょう。

どんなヒット商品やコンテンツでも、理由を「人はだれでも○○だから」という言い方で説明できることに気がつくと思います。また、周囲の人間観察をし、さまざまな人の欲求を、どんどんノートに書き溜めていくことも有効です。

そのリストは、商品企画のアイデアはもちろん、サービス、イベント、宣伝方法、テレビ番組、コンテンツなど、あらゆるジャンルのアイデアを考えるのに役立ちます。

アイデアとは、問題解決法です。人の問題や欲求を知ると、アイデアは自然に生まれてくるのです。

以上、ここでは2つの例を紹介しました。

改めて言いますが、毎日何の意識もせず、仕事をして生活をしているだけでも、自分の中のインプットは増えていっています。

一日は短いようで長く、振り返ると、驚くほどたくさんのことをしていますし、いろいろな人とたくさんの話をしたり、たくさんのメディアを見たりしています。それだけで、自分が出せるアイデアの内容は変わり続け、進化し続けていくのです。

そのことを知っていれば、無理をしなくても、次にアイデアを考える機会がどんどん楽しみになり、アイデアを考えることが好きになっていくでしょう。焦らないことが、とても大切なポイントです。一日長く生きるだけで、あなたのアイデア発想力は、必ず高まっていくのです。

土曜の朝1時間、アイデアづくりという趣味で遊ぶ

次に私がオススメしたいのが、アイデアを考えるのは、土曜の朝1時間だけにするということです。

おそらくこの本を読まれているビジネスマンの皆さんは、月曜日から金曜日まで毎日ヘトヘトになって働き、下手をしたら休日も仕事をせざるをえないという、大変な日々を送っている方が多いのではないかと思います。

私もそうです。毎日早起きして朝から晩まで全力で走り続けるように仕事をし、クタクタになって家に帰ります。

そんな生活の中でアイデアなど考えられません。

少し前までは私も、四六時中アイデアを考えようとしている時期がありました。アイデアを考えることが好きだったのでそれはよかったのですが、正直だんだんと疲れていきました。

朝と帰りの通勤電車の中でアイデアを考えても、どちらも脳は疲れきっているので、いいアイデ

アなどほとんど思いつきません。

ましてや、会社の中でじっくりアイデアを考えるなんて、できるわけがありません。ひっきりなしに電話がかかってきますし、どんどん仕事は降ってきますし、周囲に上司がいると緊張してしまいます。ヒントにしたいWEBサイトも見づらいですし、ひとり言も言えません。

さらに、私がオススメしている「ダメなアイデアから考える」「しりとりでアイデアを出す」などの方法は、会社では堂々と作業しづらい行為です。

だから私は、誰にも邪魔されず、一番リラックスして楽しい気分になれる休日の始まりの時間、つまり土曜の早朝に1時間だけ、思いっきりアイデア出しをすることにしたのです。

翌週必要とされている、考えなければならないテーマ（問題）をリストアップし、それらに対するアイデアをどんどん考えていきます。ダメなアイデアから出し始め、勢いをつけ、スピード命でアイデアを出していきます。たくさんのアイデアを出し、出てきたアイデアから候補を絞り込み、考えたいテーマが複数ある場合は、どんどん次のテーマを考えていきます。

それぞれのテーマに関して最終候補アイデアがいくつか出たら、それを月曜日に会社に持って行き、上司に選択肢を相談して決定します。

テーマによっては、選べるようないいアイデアがひとつも出ないことも多々あります。

そのときはそのアイデアを考えるのをやめます。やめても、考えたことが頭の中にブレーンストーミングのようにぐるぐると残り、月曜の朝に起きると、候補アイデアはいくつかにまとまっています。

月曜日に上司に相談すれば、候補アイデアの中にいいアイデアがなくても、上司が別のいいアイデアを思いついてくれることがよくあります。候補アイデアをいくつか持って行くことで、上司にとってもそれが発想の触媒になり、そこでの議論から新しいアイデアが生まれるのです。

こうして、土曜の朝1時間だけ仕事の問題に関するアイデアを出しておくことで、結果的に翌週1週間の仕事時間を減らすことができ、残業も減り、ラクになるのです。

アイデア出しを土曜の朝1時間だけ行う理由はもうひとつあります。アイデアを考えることを仕事ではなく趣味にするためです。

個人的にこの時間は最高です。誰にも邪魔されない早朝、一人だけの空間、元気な脳。残っていた問題に対するアイデアを出しておくと、「あの件、どうしよう……」という翌週の焦りも消え、心がラクになり、その後、気持ちよく二度寝ができます。

あとは土日を満喫すればいいだけ。こうして、「アイデア出しって素晴らしい！」と体で実感することによって、それが趣味になり、アイデアパーソンになっていくのです。

仕事に行く月曜日から金曜日まではインプットの期間と考え、土曜日の1時間だけ、脳の中の情報や、メモしたヒントをもとにしてアイデアをアウトプットする。これが私なりの、一番ラクで効率のいいアイデアのつくり方です。

皆さんも、自分なりの、一番無理のないアイデアの出し方を見つけることがとても重要です。アイデア出しがツラいと感じてしまうと、出せるアイデアがおのずと少なくなってしまうからです。一番リラックスできる時間を短く取り、アイデア出しをすることをオススメします。

脳ではなく「口」に考えさせる

アイデアを脳で考えることは疲れます。お気楽に考えることに慣れたとしても、考え続けることはやはり難しいことです。

一番ラクにアイデアを考える方法は、アイデアの選び方についてまとめた第4章でも述べた、アイデアの話を気軽にできる仲のいい友人、すなわち「アイデアパートナー」を見つけ、楽しく会話をすることです。お酒が好きなら2人で飲みに行くなどして、アイデアの話をすることをオススメします。

ここで、最良の「アイデアパートナー」の7カ条を記します。

- **気を遣わない間柄である**
- **気が合うが、違うジャンルの知識を持っている**
- **話していて楽しく、会話が途切れない**

・**意見が食い違っても気持ちがツラくならない**
・**好きな食事が一緒である**
・**アイデアの話をしても情報漏えいにならない間柄である**
・**アイデアの話をしても恥ずかしくなく、盛り上がる**

特に、7番目の条件は重要です。意外とこの条件を満たす人と知り合うのは難しいことです。仲のいいおしゃべり友達なら、たくさん見つかります。しかし、そういう友達とはたいてい、うわさ話などを話しているほうが楽しく、自然です。くだらないアイデアの話をし続けられる間柄になれる友達というのは、そうそう見つからないでしょう。

しかし、仕事でいろいろな人と知り合っていくと、必ず「この人は！」と、運命を感じる相手が見つかるときが来ます。

なんだか自然に会話ができる。しかも、アイデアの話をすることが楽しく、それが一番の話題になる相手。そんな人に出会えたときは、すぐに一緒に食事するなどの約束を取り付け、お互いが考えているアイデアの話をしましょう。

そうすると、アイデアを脳で考えず、**口が先にアイデアを言う**という現象が起こるのです。

これは、誰でも経験のあることだと思います。会議の場でも、飲み会の場でも、別に一生懸命アイデアを頭で考えていたわけではないのに、気がついたら自分の口がアイデアを言っていた、ということは、今まで必ず起きたことがあるはずです。

実は、一人でアイデアを考えているときよりも会話しているときのほうが、勝手に頭が回転して、アイデアが自然に生まれるのです。

ここまで述べてきた「A×B」の連想は、自分一人でアイデアを考える状況のときに頭を回転させる方法ですが、人と話しているときは、自然に連想が繰り返し頭の中で行われ、言葉が口から出てきます。この状況を最適な環境でつくり出すのが、先ほど説明した条件を満たす「アイデアパートナー」と2人で向き合って会話することなのです。

アイデアパートナーとの「アイデア食事会」は、2人でやることをオススメします。人数が増えれば増えるほど、自分の発言回数が減り、話したいタイミングを逸することが多くなってしまうからです。

好きなタイミングで言葉を発することができるように、「サシ」で会話をするのがいいでしょう。

また、当然、相手からアイデアのヒントをもらうことができます。他人は、自分が思いつかなかったことを、いとも簡単に思いつきます。他人の脳を借りられるという意味でも、アイデアパートナーはとても貴重です。

ぜひ、そんな素晴らしい友人を捕まえられるよう、いろいろな人と積極的に出会い、話しかけてみましょう。

特別対談

茂木健一郎さんに聞く、アイデアと創造性の話

ここまで記してきたように、どんな人でも必ず、アイデアを出し続け、そこから最高のアイデアを生み出すことはできます。しかし「A×B＝C」の公式は、私が独自の研究と自分の経験から導き出したもの。そこで、脳科学者の茂木健一郎さんに聞いてみました。この〝高橋流〟発想術をどう思いますか？　そしてアイデアを出すときの脳の活動はどうなっているんでしょうか？

茂木　高橋さんのこの本の原稿に「アイデアをいっぱい出す」と書いてありましたよね。僕は創造性に興味があるんですけど、高橋さんは、アイデアってどのくらい出していますか。

高橋　毎週1回、土曜日の朝に家で考えるっていうのはこの本にも書いたんですけど、そこでアイデアを100個出す以外には、基本的には仕事のアイデアは出さないんです。自分が面白いと思うアイデアを100個出して、月曜日に上司やデザイナーに見てもらうようにしています。そこで「これは面白いかも」と言ってもらえるアイデアがあったら、商品化を検討し始める感じです。自分では、あまりアイデアの良し悪しについて考えないようにしています。たくさん出すことだけを考えていて。

茂木　元バンダイの横井昭裕さん（株式会社ウィズ社長）とお会いしたときに「アイデア出しって、やればやるほど高速で出せるようになる」という話を聞いたことがあります。横井さんは、トレーニングでそういう脳回路にしたって言うんですよ。高橋さんはどうですか。

高橋　トレーニングというか、慣れもありますね。入社した年に、アイデアをとにかく大量に出すという課題があって。しかも、イラスト付きで、1年間やりました。そのときは全然出せなくて、けっこうしんどい思いをしたんです。途中から、似たようなアイデアばかりが出てくるようになっちゃって。それでも続けていると、ある要素に違う要素を組み合わせていけば、それだけで新しいアイデアが生まれるってことを発見できて、それからだいぶ楽になりました。

茂木　つまり、自分にプレッシャーをかけて量を追求して、そうすると、質がついてくるみたいなことですよね。

高橋　そうです。茂木さんはどうやってアイデアを考えてるんですか。

茂木　僕は、自分でアイデアを100も1000も出すような状況にはないんですけど、アイデアを出すにはランダムであることが重要だそうです。高橋さんの発想法にも「しりとり」というのがありましたよね。人間って、どうしても意味にとらわれちゃうけど、意味を超えたランダムな結びつきをつくり出してあげることが、アイデア出しの鍵らしいです。

眠っているときに見る夢は、過去1週間くらいの経験の記憶を組み合わせてできるそうです。海馬から記憶を移すときに、収納しやすいように整理整頓する。その過程に記憶をつなぎ合わせるから、荒唐無稽なストーリーができ上がる。アイデアも、それに近いんじゃないかな。

「ウナギイヌ」って、すごいハマっている

高橋　新しいおもちゃを考えるときでも、意味や売れることばかりを考えると、今世の中で売れている商品のことで頭がいっぱいになっちゃって、頭の中を同じようなアイデアがグルグル回ってし

まいます。すると、どこかで聞いたことがあるようなアイデアしか生まれないんですよ。だから、ランダムな掛け合わせが大切で。

茂木　学校で教えられてきたのって正解がある問題ばかりだったけど、いわゆる勉強ができる人ほど意味にとらわれちゃう傾向がありますね。日本人は生真面目だし、会社の会議でも、遊び心を忘れるといいアイデアが出てこないってことですよね。

高橋　私も油断すると、生真面目になっちゃいます（笑）。

茂木　数学者の藤原正彦さんが面白いことを言ってたんだけど、数学で全然関係ないものが結びつくような瞬間があるそうです。例えば、エベレストとアラスカにあるマッキンリーは全然関係なくて遠いんだけど、よくよく見てみたら、すごい細い虹の橋がエベレストの山頂からマッキンリーの山頂までかかっていたのを見つけたっていうことがあるって言うんです、数学の証明で。
成功するアイデアって、一見何の関係もないような結びつきの中に実は命があったみたいなもので、それを探すようなことかもしれないですね。僕が好きな赤塚不二夫の『天才バカボン』には、鳩とパトカーを掛け合わせた「ハトカー」みたいな、言葉遊びがたくさん出てきます。トンボとカエルが結婚して「トンボガエリ」みたいな。赤塚不二夫はきっとわかっていてわざとやっていると思うんだけど、まあそんなに面白くないんですよね。でもその中で「ウナギイヌ」って、すごいハマっている気がするわけ（笑）。100×100の組み合わせがあったら1万のアイデアがあって、その中に、なんか命があるものがあるわけですよね。

高橋　そうですね。全然無意味なものの中に、時々すごい価値のあるものがあって。それが自分だけのアイデアになるから、それが楽しくてアイデアを出し続けられるような気がします。

脳を活性化してアイデアを出すために

茂木　高橋さんって、アイデアを出す、オリジナルの手法がありますよね。要素を組み合わせたり、しりとりをしたり。これって、自分で編み出したんですか。

高橋　そうです。何回もスランプがあって、ようやくそこに行き着いたんです。

茂木　脳科学でも、アイデアはゼロから生み出せるものではなくて、組み合わせから生まれると言われています。側頭連合野の中に、どれだけ素材があって、それをいかに引き出せるかが創造性の本質です。土曜日の朝のアイデア出しは、どんな環境でやってるんですか。

高橋　アイデア出しは、一人じゃないとできないんですよね。人目が気になっちゃうというか、会社のデスクだとあまり思いつかないタイプで。土曜日の朝に一人で書斎にこもって、PCを立ち上げてエクセルを開く。

茂木　エクセルをどう使うんですか。

高橋　ただ単語を入れて掛け合わせて、出したアイデアを見直して、面白いものに色を付けていってます。

茂木　与えられた課題を解いているときの脳と、そこから解放されているときの脳の活動は違うことがわかっていて。会社だと、書類を書いてとか会議をやってとか、具体的な作業が目の前にあって、それに適した脳回路が活動します。そして、すべての課題から解放されたときに、ようやくいろんな発想が生まれてくる。これを「デフォルト・モード・ネットワーク」と言うんですけど、昔から「散歩しているとアイデアが出る」と言われたりしていますよね。

（天台宗僧侶の）酒井雄哉さんは「歩行禅」とおっしゃっていたけど、お風呂に入るのがいい人も、シャワーを浴びるのがいい人もいて。漫画家の浦沢直樹さんは、ネーム描きに行き詰まるとソファに寝て、仮眠を取るとおっしゃっていました。フッと起き上がると、アイデアが湧き出してくる。

高橋さんの場合には、自分の家で机に向かう状態がデフォルト・モード・ネットワークになっていて、リラックスできて、脳が活性化しやすい状態なんですね。

高橋　アイデアを出しやすい環境を見つけるのも大切ですね。僕は散歩だとアイデアを全然考えられないんです。でも、忙しくバタバタしている中で、アイデアを思いつける人っていないんですか。

茂木　うーん。おそらく、そういうアイデアって、過去にリラックスしている状態で出したアイデアなんじゃないかな。例えば、お笑いの人が、相手の言ったことに対して即興で返しているのに近いような。それは過去にその人の中で熟成が済んでいるっていうケースだと思います。いろんなレベルのアイデアがあると思うけど、本当に「あっ！」と思えるようなアイデアは、ある程度深いところにあるはずで、「育み」みたいなことが必要だと思います。

高橋　「∞（むげん）プチプチ」のアイデアも、過去にプチプチをつぶした思い出とリンクして突然浮かんだような気がします。

茂木　無意識と意識のしきい値というか、そこに至るまでの高橋さんの人生で育まれたものなんだよね。アイデア出しを専門的にやっている人は「アイデアは、自分である程度導くことができる」と一様に言っているんだけど、多くの人がアイデアって突然ひらめくものみたいに、ロマンティックなものとして捉えているんです。待っていれば10年のうちに勝手に何個か出るみたいなロマンティックなものじゃなくて、高橋さんみたいにアイデアを「土曜日の午前中にいくつか出すよ」って態度がいいよね。

高橋　そうですね。アイデアを待つんじゃなくて、意識的にどんどん出すことで、もっともっとアイデアを出せるようになるのは間違いないと思います。

茂木さんも買った「∞プチプチ」誕生秘話

茂木　会社だと、商業的成功というか、結果を出さないといけないですよね。僕も学生としゃべっていると、どう考えてもダメだろうって思えるような無茶苦茶なことを言うヤツと、世の中の流れやマーケットとかを見てちゃんとしたアイデアを出すヤツの2通りの学生がいて、両者の間には不気味の谷じゃないけど、アイデアの谷があって。そこをお互いになかなか越えられない。「∞プチプチ」は、発売に至るまでは大変だったんですか。

高橋　企画段階では「やるべきか、やらざるべきか」という議論がありました。

茂木　「やらざるべき」って議論は、どういう内容だったんですか。

高橋　通常会社が得意としているキャラクター商品ではないジャンルなので、とにかくどうやったら売場に並べられるかわからなかったんです。しかし、面白いし、可能性がありそうだからって、上の人も営業の人もやろうとなって、途中からはみんな一丸となって進めて、その結果大ヒットしました。

茂木　そういえば僕、銀座の博品館で買ったんだよね「∞プチプチ」。たまたま通りかかったら人だかりができてて、これと、あともう1個買った記憶がある。今思い出したんだけど。

高橋　それはきっと、枝豆タイプの「∞エダマメ」ですね。

茂木　枝豆でしたっけ。中身がピュッて出る。博品館で2つ買ったのを鮮明に覚えていて。確か、クリスマスシーズンの目玉商品みたいになってて。プチプチって、年齢層としてはどこらへんに売れたんですか。

高橋　それが幅広くて。20代、30代に向けたオモシログッズっていう想定だったんですけど、博品館では、高齢の方々にも買ってもらえたみたいです。クリスマスとか、本命のプレゼントと比べたら安いので一緒に買っちゃうとか、親御さんが子供と一緒に遊ぶという名目で買われたケースも多かったようですね。国内で累計２６０万個、海外が75万個で、合わせて３３５万個売れました。海外は、日本と比べるとプチプチする習慣があまりないみたいで、国内のほうが売れ行きがよかったです。

会議の反応でヒット商品がわかる？

茂木　おもちゃってブームがあって、僕の頃だとアメリカンクラッカーなんだけど。

高橋　あれは、本能的に面白いんですよね。一度やっちゃうと、またやりたくなっちゃう。

茂木　人間の本能に訴える何かはあるんだと思いますけど、みんなが一気にアメリカンクラッカーで遊び始めて、ある日突然やらなくなっちゃった。なんでブームになったかと言われると、理由はわからないじゃないですか。ブームって本当に不思議で。プチプチブームを仕掛けた人間としてはどうなんですか。ブームって、いつ起こるんですか。

高橋　僕もそれがわからないんですよね。わかったら次々にヒット商品を作れると思うんですけど。

茂木　脳科学だと、バズ回路というのが見つかっているんです。バズって、口コミのことで、人にどうしても言いたくなっちゃうものが、世の中にあるみたいなんですね。話の種になるなり方とか広がり方が大切で、いろんな人がその話題に加われるものがヒットしてブームになる。

高橋　確かに「人に言いやすい」とか、逆に「人に言うのが恥ずかしい」という気持ちは、ヒットと関係ありそうです。「なんでそんなもん買ったの」って言われるか、「えっ、面白い」って言われるか。

茂木　アイデアを出す側としては、そこらへんのシミュレーションはやってるんですか。

高橋　会議で発表したときの空気で、ある程度わかりますね。手応えというか、発表している最中の空気が話しやすい空気か、場が盛り上がるかどうか。一発目の周りの反応って、とっても正直で正確だなって思います。

茂木　たまごっちは「一時停止ボタン」を付けなかった。だから、子供たちが学校に行く前に「世話しといて」っておばあちゃんにたまごっちを預ける。そういう不便さが、コミュニケーションを生んでヒットにつながった要素でもあって。あと、面倒なことをやるとドーパミンという物質が出るんです。ちょっと面倒なほうが脳が喜ぶし、学びも進む。引っかかりのデザイン、引っかかりの設計みたいなものもヒットに関係ある気がしますね。

高橋　そういう意味では「∞プチプチ」って、押していると100回に1回、普段と違う音が出るんです。上司のアイデアなんですけど、これがすごくヒットに貢献したという実感があって。1回別の音が出ると人にも言いたくなるし、また次の100回目を目指して押したくなってしまうと思います。

弱点や欠点があるほうが創造的になれる

茂木　触ると震える、このおもちゃはなんですか？

高橋　エンターキーとかに付けると、打つたびに揺れてめちゃめちゃやりづらいという。「キーの芽」っていって、PCに緑を与えるんです。

茂木　うはははは。確かにやりにくいわ。これは？

高橋　「鳥人間」っていうオブジェです。デスクにあると話の種になるような。

茂木　この中だと「人魚。」が好きですね。くだらねえっていうか大好き。ところで、高橋さんって何歳でしたっけ。昔、マックをちょっと作業しないで置いておくと「フライングトースター」っていうスクリーンセーバーが立ち上がるとか、意味のない遊びみたいなものがありました。高橋さ

キーの芽

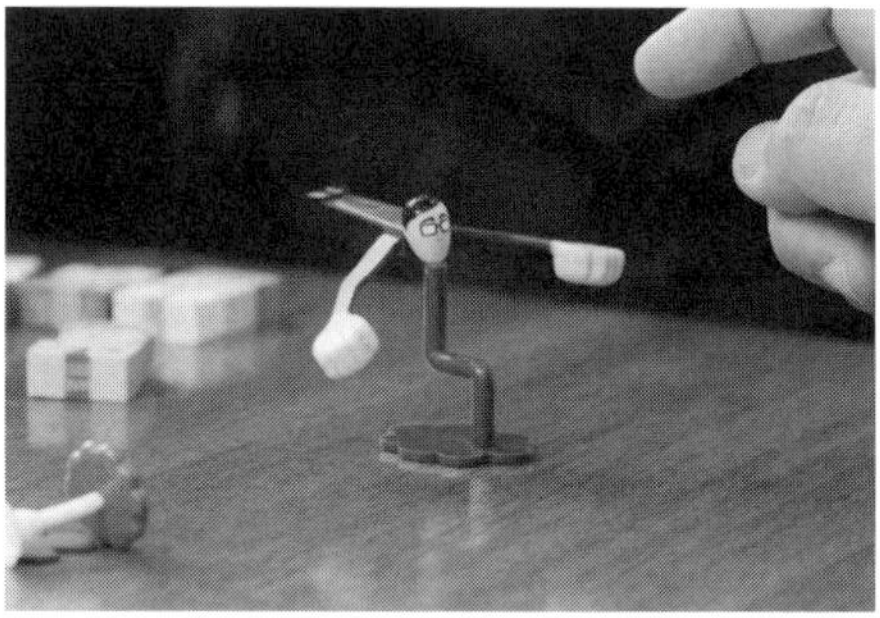
鳥人間

人魚。

んの商品って、あれが戻ってきたような感覚がします。高橋さんって、東北大ですよね。

高橋 情報科学の大学院で、理系でしたね。笑わせる表情の動きを自動生成する研究をやっていました。

茂木 なんでバンダイに就職しようと思ったの？

高橋 メーカーに行きたいとは思ってたんですよね、当時から。だから、インターンシップに行ったんですけど、半導体を作ったり、機械を作ったりするのを見ていて、そこであまり魅力を感じられなくて。落研（落語研究会）に入っていましたし、人を笑わせるものを作りたくておもちゃメーカーで働きたいと思いました。

茂木 珍しいと言われませんでした？

高橋 そうですね。同級生の就職先は、SEとか機械系が多かったですね。

茂木 昔からおもちゃ好きだったんですか。

高橋　小さい頃は遊んでましたけど、中高生のときは、そういう感じじゃないですね。ネクラっていうか、物静かなガリ勉というか。大学デビューしようと選んだのがさっきの落研で。変わろう、しゃべろう、お笑いをやろう、と。まあ、それでなんで落研なのかって話なんですけど。

茂木　得意なのってありました？

高橋　「花色木綿」です。

茂木　よく知っています。

高橋　それでネタを書いたりしていると面白くて、人を笑わせるのはなんて楽しいんだと目覚めて、今に至ります。中高の頃って、クラスの人気者っていたじゃないですか。ワーワー騒いでみんなを笑わせる。そういう様子を眺めて「自分のほうが面白いこと考えられるのに」って思いながら、でもそれを出せずにいて、実はちょっと憧れていたんです。そのときの気持ちを、社会人になってこういうカタチで爆発させているというか。

茂木　創造性に対する脳科学の結論のひとつは、ハンディキャップというか、弱点や欠点があるほうが創造的になる。何かを乗り越えることが、創造性のきっかけになるっていうのがあります。

高橋　なるほど。

茂木　あまりにも恵まれていると、創造性を発揮しなくても生きていけるというか、創造性は生き延びるための工夫みたいなものとも言われているんです。

高橋　確かにそうかもしれないですね。アイデアがなければ、人類は生き残ってこられなかったはずですよね。

茂木　アメリカのベンチャーの創業者も人と違う苦手なことがあったり、科学の世界でもそういう人は多いですね。社会的な適応があまりうまくいかないって悩んでいた人ほど、創造しやすくなる。そういう人ほど、うまくコツをつかむといいクリエーションができるというのがありますね。

高橋　コツをつかむには、もっとみんなアイデアを出すべきだと思っていて。特に若い人たちには、最初から成功ばかりを求める教育をしないで、出してくるアイデアを温かく受け止めて、みんなでブレストできる環境をつくりたいと思っています。

茂木　それって大切ですよね。アイデア出しのノウハウもそうだけど、さらに、どういう環境をつくるとクリエーションが起こりやすいか。多様性というか、いろんな人がいて、アイデアってその個性の掛け算なんですよ。でも、ゼロとゼロを掛けてもゼロだから、個性がないとダメで。改めて「個性って何だろう」って考えると難しいんですよね。

アメリカのカリフォルニア州にあるグーグル本社に行くと、ティラノサウルスの巨大な模型があったり、スケボーとか自転車でみんな移動していたり、自動販売機が無料だったりするんだけど。そんな自由な会社でも、大きくなると、「ちゃんとやらないと」ってなってくるんです。何の話かというと、広報の人が怖かったんですよね。「グーグルみたいな会社でも、すでにこういう人がいるんだな」と思いました。グーグルは大好きな会社なんですけど。そういう会社のちゃんとしている部分と、一人ひとりの個性とをどうバランスを取るかが難しいですね。

アイデアモンスターを育てよう！

高橋　みんな生き様が違って、これまでの記憶だって違うから、誰だって自分にしか出せないアイデアを出せるはずだと思っています。要素と要素を掛け合わせるときに、自分なら、猫から「猫だったらくるっと回って着地する」とか「ニャーと鳴く」と連想するけど、どんな言葉を思いつくかは人それぞれ。僕自身、「これは自分では絶対思いつかないな」というアイデアとか商品に出合うことがあります。今の自分だったらどんな掛け合わせをしても出なかったというアイデアに触れると、純粋に面白いなあって感動しちゃいます。

あと、落語を始めたときにわかったのは、無理に明るく、落語家らしくやろうとしても、全然笑ってもらえなかったんですよ。でも、2、3年やっていると、素のままにボソボソ言ったほうが面白いと言われるようになって、結局、素の自分というか、自分の色でやったほうがウケるんですよね。

茂木　日本人は個性がないと言われるけど、そうじゃなくて。個性はあるけど、それを出していいんだと背中を一押しする環境がないというか。脳科学で言う脱抑制みたいな、その一

押しが必要だと思います。

高橋　僕にとって、会社でアイデアを発表するのは、すごい勇気がいるんですよね。バンダイはノリがいい人がたくさんいてやりやすいほうだと思うけど、それでも緊張するし、近い上司にアイデアを出すのは気軽にできるけど、偉い人にプレゼンとなると緊張して萎縮しちゃいます。若手に対しては、アイデア出しの緊張や怖いイメージを全部取っ払ってあげて、どんなアイデアを出してもいいっていう雰囲気にしていきたいですね。僕が運がよかったなと思うのは、入社してアイデア出しの課題があって、苦しみながらも1年間アイデアを出し続けることで、自分なりの出し方を見つけられたこと。あれをやっていなかったら、たぶん今みたいにアイデアを出せるようになっていなかったと思います。

茂木　そうだよね。野球でも、イチローと松井のバッティングは全然違うじゃないですか。今、流行のコピペじゃなくて、自分のやり方は自分で見つけなくちゃいけない。一方で、高橋さんのやり方を真似てインスパイアされるってことはあるので、他人のやり方を試すことも大事ですよね。

高橋　誰にでもそれぞれの人生があるので、その人にしか出せないアイデアを、みんなに出してもらいたいし、出せると思っています。

茂木　アイデアは結局生き物。高橋さんが毎週土曜日にエクセルを開くのも、普段映画を観たりするのも一緒で、みんな頭の中のアイデアモンスターに餌やりしているんだよね。

構成・廣川淳哉

茂木健一郎　もぎ・けんいちろう

脳科学者／ソニーコンピュータサイエンス研究所シニアリサーチャー／慶應義塾大学大学院客員教授／東京大学、大阪大学、早稲田大学非常勤講師

1962年東京生まれ。東京大学理学部、法学部卒業後、東京大学大学院理学系研究科物理学専攻課程修了。理学博士。理化学研究所、ケンブリッジ大学を経て現職。専門は脳科学、認知科学。「クオリア」（感覚の持つ質感）をキーワードとして脳と心の関係を研究するとともに、文芸評論、美術評論にも取り組んでいる。2005年に『脳と仮想』で第4回小林秀雄賞受賞。09年に『今、ここからすべての場所へ』で第12回桑原武夫学芸賞受賞。06年1月より10年3月まで、NHK『プロフェッショナル 仕事の流儀』キャスター。

おわりに
――自分が思いつく、世界にたったひとつのアイデアに興味を持とう

最後までお読みいただき、ありがとうございました。

この本を通して、「アイデア出し」に興味を持ち、好きになってくださった方が一人でも増え、新しいアイデアが世の中をちょっとだけ変える、というような現象につながれば、これほどの喜びはありません。

最後にもうひとつ、アイデアパーソンになるために、皆さんにぜひオススメしたいことがあります。

それは、**自分という人間が、この先いったいどんなアイデアを思いつくかに興味を持つ**、という

ことです。

本書で述べてきたとおり、誰もが一人ひとり、世界中で自分にしか出すことができないアイデアを必ずつくることができます。これは紛れもない事実です。

思い出してください。子供の頃、いろいろな空想をしていたことを。その内容は、誰にも話したことがなかったかもしれません。しかし、それは世界中であなたしか想像しなかったことなのです。

大人になったあなたは、あなたという人間が今まで生きてきて、見て、知って、感じてきたことをアイデアの材料として持っています。その材料は他の人とはまったく違うものです。

あなたは、あなただけのアイデアをつくることができます。そして、これからの人生でも、毎日いろいろなことが起き、そのたびにアイデア製造機としてのあなたの性能はアップしていくのです。

ぜひ、アイデアをつくることを趣味と思えるようになってみてください。そして、自分がつくり出せるアイデアが、日々どんどん増えていくことに喜びを感じてください。

そうすれば、毎日の生活でどんなことが起きても、それが楽しいと思えるようになるかもしれません。すべての経験を、アイデアの材料だと思うことができるようになれば、あなたは無敵です。

そうなったとき、あなたは、一生アイデアが枯れることのない、最強のアイデアパーソンになることができます。

そしてそうなることは、もうそんなに難しいことではありません。

ぜひ、そんな自分になってみたいと感じ、楽しんで生活しながら、くだらないアイデアを考え続け、ほんのちょっとだけ世界を変えてみてください。

高橋晋平 たかはし・しんぺい

1979年11月14日生まれ。秋田県北秋田市出身。東北大学大学院修了。2004年、株式会社バンダイ入社。入社以来、主に大人向けバラエティ玩具の企画開発を担当し、現在はカプセル玩具「ガシャポン®」の商品企画開発を担当。国内外累計335万個を販売した「∞（むげん）プチプチ」をはじめ、さまざまな玩具商品を企画開発し、ヒットさせてきた。

独自の発想法「アイデアしりとり」を提唱・実践し、2013年にはTEDxTokyoに登壇。そのプレゼンテーション「新しいアイデアのつくり方」が高く評価されている。JAPAN MENSA会員でもある。著書に『∞（むげん）アイデアのつくり方』（イースト・プレス）がある。

ブックデザイン	TAKAIYAMA inc.
撮　　影	吉次史成
編集協力	廣川淳哉
校　　正	鷗来堂

アイデアが枯《か》れない頭《あたま》のつくり方《かた》

2014年7月8日　初版発行

著　　者	高橋晋平
発 行 者	五百井健至
発 行 所	株式会社阪急コミュニケーションズ
	〒153-8541 東京都目黒区目黒1丁目24番12号
	電話　03-5436-5721（販売）
	03-5436-5735（編集）
	振替　00110-4-131334
印刷・製本	大日本印刷株式会社

Printed in Japan
ISBN978-4-484-14221-0